図解

いちばんやさしい

地政学の本

沢辺有司

JN131927

彩図社

はじめに

いま世界では、パンデミックの混乱がつづくなか、ロシアのウクライナ侵攻や切迫する台湾有事、北朝鮮のミサイル発射など、物騒なニュースがたえません。なぜこうした問題が起きているのかを考えるとき、さまざまな解釈の方法があるでしょう。

たとえば1つには、これまでの「歴史」を紐解くことで見えてくることがあります。ウクライナ危機についていえば、「プーチンが、旧ソ連の領域を取り戻そうとしている」などと解釈できます。

一方、地図をベースとした「地政学」を使うと、少し違った見方になります。「ウクライナのような、**大国と大国のあいだにはさまれたバッファゾーン（緩衝地帯）はいつの時代でも紛争が起きやすい**」と解釈されます。ウクライナという地域は、歴史とは無関係に、地政学的に見てもどうしても紛争が起きやすい場所にあるのです。

このように、実際にいま世界で起きていることの多くは、「地政学」を使うことでかなりクリアに見えてきます。

まだなじみのうすい方も多いかと思いますが、いま、地政学的視点の重要性が増しています。**「地政学」とは、地図をもとにその国の政治や軍事を考えていく学問です。**

軍事理論でもあるため、戦後の日本では封印されていました。

地理というのは、時代が変わっても変わりません。ですから、変わらない地理をもとにすることで、それぞれの国や地域がとる戦略というのは自ずと決まってくる、と考えられます。となると、いくら世界情勢が混沌としてきても、その国がとるべき一貫した正しい戦略があるはずだ、となります。地政学ではこう考えるわけです。

本書では、アメリカ、ロシア、中国という現在の世界のメインプレイヤーの地政学を見たあと、EU解体の危機に揺れるヨーロッパ、変動の激しい中近東の地政学を見ていきます。そしてさいごに、日本とアジア各国の地政学を見ていきます。

混沌として先の見えない時代です。だからこそ、普遍的な知である地政学的視点をもつことが大切です。それによって、より自信をもって世界と向き合うことができるはずです。

第1章 地政学とは何か?

第2章 アメリカの地政学

世界をかき回す覇権国家

本書に登場する主な国・地域の位置

イギリス
ドイツ
フランス
スペイン
イタリア
ギリシャ
トルコ
アルバニア
ユーゴスラビア
サウジアラビア
イラン
イラク
インド
ロシア
バルト3国

中国
韓国
北朝鮮
日本
ロシア

アメリカ

ミャンマー
タイ
マレーシア
シンガポール
インドネシア
ベトナム
カンボジア
香港
台湾
フィリピン

キューバ

第1章

地政学とは何か？

「地政学」とは、リアルな軍事戦略だ！

地図を戦略的に見る

「地政学（Geopolitics：ジオポリティクス）」とはなんでしょうか？

地政学とは、かんたんにいえば、「軍事戦略の理論」です。**地図を戦略的に見て、どうやって空間を支配するのかを考えるものです。**

国家というのは、戦争があってもなくても、いつでも周りの国の様子を見極めながら、あらゆる戦略をねって自分の国を守っています。そのとき、歴史的な視点も必要ですが、地理的な視点も必要です。この地理的な視点を用いる戦略が、地政学です。

地政学を使うのは、自分の国の戦略を考えるときだけではありません。混沌とした

No.1

世界情勢をきちんと把握するときにも、地政学はとても重要なツールになります。

地理的条件は変わらない

すべての国は、地理的条件から逃れることはできません。

どういうことかというと、それぞれの国は、海に囲まれていたり、内陸にあったり、大国にはさまれていたり、半島につきでていたり、さまざまな地理的条件のうえになりたっています。しかも、その地理的条件というのはずっと変わりません。人類の歴史がはじまってから、地理はほとんど変わっていないからです。

つまり、**「それぞれの国は、ずっと同じ地理的条件のうえになりたっていて、その条件をぬきにして戦略をねることはできない」**ということです。この考え方は、地政学の重要な出発点になります。

このように地理的条件を出発点とする地政学には、2つの基本的な概念があります。それが、**「シー・パワー（海洋国家）」**と**「ランド・パワー（大陸国家）」**です。

海に強いシー・パワーには、島国のイギリスや日本があります。アメリカも大西

地政学とは何なのか？

地理的条件を出発点とする
きわめて「現実的」な軍事戦略

― 2つの基本的概念 ―

ランド・パワー
=大陸国家

ロシア・中国
ドイツ・フランス など

シー・パワー
=海洋国家

アメリカ・
イギリス・日本 など

洋と太平洋にはさまれているので、大きな島国と見ることができて、シー・パワーの国に分類されます。陸に強いランド・パワーには、ロシアやドイツ、フランス、中国があります。

世界の国をシー・パワーとランド・パワーに分類して観察するだけでも、国際情勢はよりクリアに見えてくるでしょう。

たとえば、シー・パワーの日本は、いつも海に守られていたことがわかります。海は防衛上の利点があります。海は敵からの侵入を防ぎやすいのです。とくに日本の場合、黒潮と親潮という世界的にも非常に流れの速い海流にはさまれているので、この海域に慣れていない敵からすると、船をあ

やつって近づくのは簡単ではありません。日本はこうした海に守られているので、歴代の中華帝国でさえ支配することができませんでした。

日本の最大の危機は、2度にわたるモンゴル軍の襲来（元寇）でしょう。しかし、モンゴル軍は、ロシアや東欧まで侵攻した当時世界最強のランド・パワーです。しかし、日本はこれも退けました。

その要因には「神風」もありますが、モンゴル軍はランド・パワーを母体とし海に慣れていなかったことがあげられます（P113）。つまり、シー・パワーでは日本が勝っていたということです。

リアルな地政学が前面に出てきた

地政学は、とても「現実的」で「実践的」な軍事戦略です。イデオロギーなどの「理想的」な論理とは違います。

戦争では、開戦の理由として、なにかしらの物語がつくられるときがあります。

「ファシズム陣営から自由主義を守るため」「共産主義から資本主義を守るため」「テ

戦争の理由づけがされます。

しかし、現実には違うところに理由があります。**領土や植民地の拡大、防衛上の拠点の獲得、資源の獲得などが戦争の本当の目的だったりします。**つまり、よくよく見てみると、地政学的なリアルな戦略が隠されているわけです。

たとえば、「テロとの戦い」のスローガンでアメリカはイラク戦争に突入しましたが、その根拠とされた「大量破壊兵器」はついに見つかりませんでした。イラク戦争の本当の目的は、アメリカがロシア寄りのフセイン政権から石油利権を奪うことだったとされています。

すこし前までの世界は、イデオロギーという物語によっておおわれていましたが、いまやそのベールがはがされ、地政学的な戦略が前面に出てきています。

その象徴ともいえる人物の1人が、ロシアのプーチン大統領です。プーチンは、「自国の地政学的な利益」のためといって、クリミアやウクライナに介入して、領土拡張をうかがいます（P88、94）。

中国の習近平（しゅうきんぺい）は、南シナ海に人工島を建設して海洋進出を強めるほか、台湾統一を

目論みます。そのやり方は法を無視した力による現状変更です。

アメリカのトランプ前大統領は、「自国の利益を守る」という理由によって、自らの覇権に挑む国を抑え込みました。ところが、現在のバイデン大統領には地政学的リスクの認識がありません。プーチンと習近平はこれを見透かしています。

ちなみにプーチンは、「地政学的な問題は、イデオロギーとは何の関係もない」とはっきり述べています。イデオロギーという理想的な物語で語られる時代は終わって、かつての帝国主義時代のように地政学で考える時代になっているのです。

戦後のドイツと日本で封印された地政学

帝国主義のための理論だった

地政学の歴史を見てみましょう。

19世紀、欧米列強は領土や植民地を拡大するために世界各地で激しく争いました。いわゆる**帝国主義**です。そのとき、それぞれの国の事情に合わせて軍事的な戦略が研究されるようになりましたが、これが地政学と呼ばれるようになりました。

ですから、地政学とは「欧米の帝国主義と結びついて発展した理論」といえます。

地政学の基礎をきずいたマッキンダー

No.2

地政学の発展においてもっとも影響力のあった人物は、イギリスのマッキンダー（1861～1947）です。

地政学の基本理念である「時代が変わっても変わらない要素が地理であり、地理的条件によって規制されることがたくさんある」ということに気づいたのが、マッキンダーでした。

マッキンダーはイギリスの学者なので、基本的にはシー・パワーのイギリスの戦略を考えていますが、そのなかで地政学のベースとなる普遍的な理論をいくつも唱えています。その中心が、1904年に示された「枢軸地域（すうじく）」という考え方です。

1919年にはこれを**「ハート・ランド」**と呼び直しました。

ハート・ランドは、ユーラシア大陸の中心部で、ロシアの領域です。「ハート・ランド理論」はこれから本書で何度も出てきますが、かんたんにいうと、**「ハート・ランドを制するものは世界を制する」**という考え方になります。

マッキンダーと前後してアメリカで活躍したのが、アルフレッド・マハン（1840～1914）です。彼は海軍少将までのぼりつめた軍人であり、海軍大学の学長を務めた学者でもあります。

地政学と学者たち

●マッキンダー（英）〔1861〜1947〕

ハート・ランド理論
「ハート・ランドを制する
ものは世界を制する」

●マハン（米）〔1840〜1914〕

ワールド・シー理論
「大洋を支配するものが
世界を制する」

「地政学は戦争に直結する学問」として
日本では戦後に封印され、現在にいたる

マハンはシー・パワーのイギリスの戦略
を研究した結果、大陸に着目したマッキン
ダーの「ハート・ランド理論」とは対照的
に、海に着目した「ワールド・シー理論」
にいきつきました。これはつまり、「太平
洋や大西洋など世界の大きな海洋を支配す
るものが世界を制する」という考え方です。

マハンは、アメリカの戦術に大きな影響
を与えています。アメリカはもともとはラ
ンド・パワーの国でしたが、マハンの理論
をきっかけに、シー・パワーに転換してい
きました。

ナチスの基本哲学となっていた

一方、ドイツでは、フリードリッヒ・ラッツェル（1844〜1904）とルドルフ・チェーレン（1864〜1922）の2人によって地政学の基礎がきずかれました。

2人の考え方のベースには、「強いオオカミの群れが弱い群れのなわばりを奪う」という自然の法則があります。つまり、「先進的で優れた文化をもつ国は、それよりも劣る文化の国の領域を奪う」というものです。このような領域の拡大は自然なことであると考えました。

結局この考え方は、「先進的」な文化をもつドイツが、東欧やロシアのスラブ人の領域を支配することを正当化する根拠となりました。

第2次世界大戦前には、ハウスホーファー将軍（1869〜1946）が活躍しました。彼は、毎週のラジオ番組を通して、ドイツの一般大衆に向けて地政学的なビジョンを広めました。具体的には、**ランド・パワーのドイツが向かうべき方向には東方拡大と植民地拡大があると唱えました。**こうした野心は国内の地主階級や工場経営者たちの願望と合致するものでした。

ハウスホーファーのビジョンは、ヒトラーの「強いドイツ」というビジョンと重な

ります。やがてハウスホーファーは、「ナチズムの哲学者」（1939年、『ライフ誌』）と呼ばれるようになります。しかしそのことが災いして、戦後、アメリカから戦犯として尋問を受ける屈辱を味わい、自ら命を絶つのです。

こうした歴史もあって、戦後、地政学は「ナチスの哲学」として危険視され、学問としての地政学はほぼ消滅させられてしまいます。

日本でも完全封印

日本の地政学はどうだったのでしょうか？

じつは戦前の日本は、**海外の地政学を輸入し、さまざまな地政学派が生まれていました。** なかでも影響が大きかったのは、アメリカのマハンの海洋戦術です。マハンの『海上権力史論』は伊藤博文の秘書官だった金子堅太郎によって翻訳され、明治天皇の勅令で全国の中学・高校・師範学校に配られました。日露戦争で活躍した海軍参謀の秋山真之などは、アメリカ留学中に直接、マハンから学んでいます。

ドイツ地政学も人気があり、ラッツェルやチェーレンの理論も紹介されました。ま

た、日本学の専門家でもあったハウスホーファーが示した「イギリスの世界支配に対抗するためには、アメリカ・ドイツ・ソ連・日本で世界を四分割する」という**パン・リージョン理論**から、「大東亜共栄圏」の構想が生まれたといいます。

ハウスホーファーは、日本のランド・パワー派に大きな影響を与え、それが実際に日独伊三国同盟や日ソ中立条約に結びつきました。

しかし、両国は大戦に敗れ、この苦い経験から、日本ではドイツと同じように、「**地政学は戦争に直結する学問だから扱わないほうがいい**」と完全に封印されてしまったのです。

2つの基本概念「シー・パワー」と「ランド・パワー」

シー・パワーとランド・パワー

地政学の基本概念をおさえておきましょう。

まず、すでに紹介したとおり、地政学では、**「シー・パワー（海洋国家）」**と**「ランド・パワー（大陸国家）」**の分類が基本となります。今日でもこの分類は有効で、世界の国々をシー・パワーなのかランド・パワーなのかという視点から見ることで、その戦略をより明確に分析することができます。

このシー・パワーとランド・パワーの分類をはじめて提示したのは、マッキンダーでした。

No.3

古来、ヨーロッパにとっては、フン族やマジャール人、モンゴル人などのランド・パワーが脅威となっていましたが、**大航海時代以降はスペインやポルトガル、さらにはオランダ、イギリスなどヨーロッパのシー・パワーが世界の覇権をにぎりました。**

近代になると、鉄道の開通によって再びランド・パワーが台頭するようになります。

それがロシアとドイツでした。

こうした流れをふまえたうえで、20世紀初頭のマッキンダーはランド・パワーのロシアとドイツの動きを警戒したのです。

ハート・ランドとワールド・シー

つづいて、「ハート・ランド」と「ワールド・シー」の理論を見てみましょう。

まず、マッキンダーが唱えた「ハート・ランド」ですが、これはどの地域にあたるかというと、**ユーラシア大陸の中央部で、ランド・パワーのロシアの領域**にあたります。

この地域を流れる大河は、黒海やカスピ海、オホーツク海へ注ぐ川をのぞくと、すべて北極海に注ぎます。しかし、北極海はつねに凍っているので、軍艦が入れません。

つまり、シー・パワーの軍艦が海から川をさかのぼってこの地域に侵攻することはできないのです。

だから、ここは難攻不落の安全地帯です。これが「ハート・ランド」の意味です。

この安全地帯を持つ国は、絶対に倒れません。ここからマッキンダーは、「ハート・ランドを制するものは世界を制する」といったのです。

ところで、ハート・ランドを持つロシアは、守りの面では有利ですが、逆に攻撃では不利な面があります。冬でも凍らない港（不凍港）がなく、軍艦を外に向けて送り出す海上ルートがないからです。そこでロシアがとった政策が、**南下政策**です。これがロシアの一貫した政策となりました（P84）。

不凍港を求めて南へくだり、地中海へ出る海上ルートを確保する。 これがロシアの一貫した政策となりました（P84）。

一方、マッキンダーのハート・ランドと対照をなすのが、アメリカのマハンが唱えた「ワールド・シー」理論です。

これはハート・ランドの海洋版です。かつて、スペインやイギリスなど強大なシー・パワーを持った国が世界の覇権をにぎってきたことを重視し、「世界の大きな海洋を支配するものが世界を制する」と考えました。

ハート・ランド理論とワールド・シー理論

ハート・ランド理論	場所	ワールド・シー理論
ユーラシア大陸中心地	場所	太平洋・大西洋など
リム・ランド (朝鮮半島、山東半島、 インドシナ半島)	周辺地域の 呼称	マージナル・シー (オホーツク海、ベーリング海、 東シナ海、南シナ海)

リム・ランド　　マージナル・シー

リム・ランドとマージナル・シー

ハート・ランドとワールド・シーには、それぞれ発展型として「リム・ランド」と「マージナル・シー」という考え方があります。

まずリム・ランドですが、これは**ハート・ランドの周辺地域（リム）を重視する考え方**です。

戦術の中心が陸軍と海軍の時代から、空軍の登場によりエア・パワーの時代に移ると、このリム・ランドの重要性がうかびあがってきました。

海軍と空軍があれば、まずはリム・ランドを支配し、そこから真ん中のハート・ラ

ンドを支配できると考えられたからです。つまり、**「リム・ランドを支配するものが、ハート・ランドを制する」**ということです。

リム・ランドには、ユーラシア大陸の東側なら、日本や台湾、朝鮮半島、中国の山東半島、インドシナ半島などがあります。オランダ出身のジャーナリストであるニコラス・スパイクマンは、この**「リム・ランドの争奪が第2次世界大戦の原因になった」**と指摘し、大戦後は「ソ連・中国がリム・ランドに進出する」と予言していました。その予言どおり、ソ連や中国の共産圏の拡大をおさえるため、リム・ランドを舞台とした朝鮮戦争やベトナム戦争が起きました。

一方、リム・ランドの海洋版が、**「マージナル・シー」**です。マージナル・シーとは、「縁海」のことです。大陸の外側の弧状列島や群島、半島によって囲まれた海のことです。つまりこれは、リム・ランドの周りの海ということになります。

リム・ランドの支配がハート・ランドの支配につながるように、マージナル・シーの支配がワールド・シーの支配につながります。さらには、**マージナル・シーの支配は、リム・ランドの支配にもなりますので、その先にハート・ランドの支配をうかがうことができます。**

ですから、マージナル・シーは地政学的にとても重要なスポットになります。

日本周辺にはマージナル・シーがならんでいます。北から、ベーリング海、オホーツク海、日本海、東シナ海、南シナ海へとつらなります。

そしていま、中国は東シナ海の尖閣諸島に圧力をかけ、南シナ海の南沙諸島でも領有権を主張して進出しています。中国の戦略は、マージナル・シーの支配からワールド・シーをうかがうというものになっています（Ｐ１２４）。

大国に見る地政学の基本戦略

バランス・オブ・パワー

ここでは、地政学にもとづく代表的な戦略を見てみましょう。

まず、**「バランス・オブ・パワー（勢力均衡）」**という考え方があります。

たとえば、シー・パワーのイギリスは、昔から一貫して、ヨーロッパ大陸に対してはバランス・オブ・パワーの戦略を適用しています。

具体的には、**「ヨーロッパ大陸に覇権を求めない。ただし、ヨーロッパに強力な単一国家があらわれたときにはイギリスの脅威になるので戦う」**というものです。このようにして、ヨーロッパ大陸内でそれぞれの国の力が拮抗するようにしています。こ

No.4

の戦略が、「バランス・オブ・パワー」であり、「オフショア・バランシング」ともいわれます。

この戦略にしたがって、イギリスは基本的に強大化した国家とだけ戦ってきました。無敵艦隊のスペイン、ナポレオンのフランス、第1次世界大戦のドイツ、冷戦期のソ連です。これらの国を叩いて弱体化させるだけで、無用にヨーロッパ大陸に侵攻したことはありません。

かつて7つの海を海軍力によって制覇し、「世界帝国をきずいた」といわれたときでも、イギリスはヨーロッパ大陸を直接支配していたわけではないのです。

シー・レーンとチョーク・ポイント

もう1つ、イギリスの地政学的戦略から「シー・レーン」について見てみましょう。

イギリスは7つの海を支配しましたが、それは大洋の全体をくまなく支配したわけではありません。基本的には、**自国の貿易を守るための安全な海上交通路である**「シー・レーン」**を確保した**、ということになります。

世界のチョーク・ポイントとシー・レーン

ジブラルタル海峡

ボスポラス海峡

ホルムズ海峡

スエズ運河

バシー海峡

パナマ運河

バベル・
マンデブ海峡

マラッカ
海峡

ロンボク海峡

喜望峰

シー・パワーの国家にとって、シー・レーンの確保は重要

具体的には、ジブラルタル海峡から喜望峰（ほう）、中東、インド、マラッカ海峡、香港にいたる海上交通の要衝をおさえ、アフリカ大陸とユーラシア大陸をとり囲むようにシー・レーンをきずきました。

ちなみに、イギリスはシー・レーンをきずいて、アフリカ大陸とユーラシア大陸のリム・ランドとマージナル・シーをおさえたことになります。当時、ユーラシア大陸の中心部にはランド・パワーのロシアがいました。この２つの大国が内側と外側からぶつかり覇権争いをしていたわけですが、このことを**「グレート・ゲーム」**と呼びます（P37）。

また、シー・レーンに関連して、**「チョー**

ク・ポイントという戦略があります。

「チョーク（choke）」とは、「首をしめる」という意味で、ここをしめると相手は抵抗できなくなるポイントになります。

シー・レーンをおさえるとき、**その要衝となる海峡や運河**があります。ここをおさえれば、最小限の海軍で効果的に支配できるというポイントです。これがチョーク・ポイントです。

世界のチョーク・ポイントとしては、ジブラルタル海峡、ボスポラス海峡、スエズ運河、バベル・マンデブ海峡、ホルムズ海峡、マラッカ海峡、バシー海峡、パナマ運河などがあげられています。

バッファゾーン

地政学では、**「バッファゾーン（緩衝地帯）」**という考え方も重要です。

バッファゾーンとは、いわば大国と大国のあいだにはさまれた中間地帯です。

大国は、敵国からの直接の侵攻を防ぐため、周辺の地域をバッファゾーンととら

世界の主なバッファゾーン

東欧諸国

中東
（イラク近辺）

朝鮮半島

東南アジア

大国同士の代理戦争が起き、紛争地帯になりやすい

え、その地域を影響下におこうとします。し
かし、ほかの国もバッファゾーンに干渉して
きますので、衝突が起きやすくなります。つ
まり、**バッファゾーンでは大国と大国の代理
戦争が起き、紛争地域になることが多いので
す。**

　たとえば、日本にとってのバッファゾーン
には朝鮮半島があります。日本は中国大陸に
あらわれる歴代帝国の脅威につねにさらされ
てきましたが、あいだにバッファゾーンの朝
鮮半島があったので、直接の侵攻をほとんど
防ぐことができました。

　19世紀後半は清国と対峙しましたが、もし
清が朝鮮半島を支配してしまえば日本への脅
威になりますので、日本は朝鮮半島で清と戦

いました。これが日清戦争（1894）です。

その後、南下してきた大国ロシアが脅威となったため、また朝鮮半島でロシアと戦いました。これが日露戦争（1904）です。

日本にとってこの2つの戦争は、**バッファゾーンの朝鮮半島を大国に支配されないための戦い**だったのです。

日本の戦術に誤りがあったとすれば、日韓併合後に朝鮮半島を日本と同じような近代国家とするために多大な投資をしたことです。朝鮮半島を純粋なバッファゾーンと考えるなら、軍事拠点だけを展開しておけばよかった、という考え方があります。

同じように、ヨーロッパのバッファゾーンとしては、東欧諸国があります。東欧は西側と東側の中間地帯で、昔から両勢力がぶつかる紛争地域となってきました。

旧ソ連は、西側のNATOからの直接の攻撃をさけるため、バルト3国（エストニア、ラトビア、リトアニア）やポーランドなどに親ソ政権を樹立して、バッファゾーンとしました。そして現在、ロシアはウクライナへの圧力を強めていますが、これもEUとのバッファゾーンを構築するための戦略となっています（P94）。

2つのハート・ランドにはさまれた要衝とは？

ハート・ランドとグレート・ゲーム

イギリスのマッキンダーが唱えた「ハート・ランド」（P25）について、もう少し詳しく見てみましょう。

ハート・ランドは、ユーラシア大陸の中央部に位置します。マッキンダーは、この地域を制するには、東欧の支配が前提になると考えました。つまり、**「東欧を制するものはハート・ランドを制する。ハート・ランドを制するものは世界を制する」**というテーゼになります。

マッキンダーがなぜこのようなテーゼを立てたかというと、当時、勢力を拡大して

No.5

いたドイツが東欧を足がかりにソ連（ロシア）に侵攻することを警戒していたからです。彼は、「ドイツを抑え込むには、ソ連と同盟を結ぶべき」ということを唱えました。

実際、第２次世界大戦にさいして、ドイツは東欧諸国を併合してソ連に侵攻をはじめましたが、イギリスはソ連と軍事同盟を結んでドイツの東方拡大を防ぐことになりました。

さて、少し戻りまして、19世紀後半の世界情勢を見てみましょう。

まずロシアがハート・ランドを支配しています。そして、イギリスはアフリカ大陸からユーラシア大陸にかけた沿岸をとり囲むようにシー・レーン（P31）を構築し、この一帯に植民地帝国をきずいています。イギリス艦隊はハート・ランドに侵入できません。

一方のロシアは、鉄道を敷設して大陸の外に向かって膨張をはじめていて、イギリスの脅威となりはじめていました。

ここでイギリスとロシアという２つの大国が覇権争いを演じるわけですが、先にもふれたように、これが **「グレート・ゲーム」** です。この用語は、イギリス東インド会社の情報将校アーサー・コノリーが最初に使いました。

このときのイギリスとロシアの「グレート・ゲーム」を具体的に見ると、バルカン

半島における**クリミア戦争**（1853〜1856）から中央アジアにおける**第2次アフガン戦争**（1878〜1881）、そしてさいごに**日露戦争**（1904〜1905）があります。日露戦争は、日英同盟を背景として日本が戦った、イギリスのためのグレート・ゲームの1つでした。

その後、大国間のグレート・ゲームは、冷戦時代のアメリカとソ連が演じました。そして現代では、中東が1つの舞台となっていますし、アメリカとロシア、アメリカと中国の戦いとなっています。。

南のハート・ランドとの接続地域

じつはマッキンダーは、ハート・ランドをもう1つあげています。それはアフリカ大陸で、**サハラ砂漠より南方のアフリカ**です。ここは住むのがとても難しいけれど、豊かな資源のある地域だからです。

ユーラシア大陸の中心部が「北のハート・ランド」だとすれば、アフリカ大陸の南部は「南のハート・ランド」ということになります。

南北のハート・ランド

北の
ハート・ランド

南の
ハート・ランド

ポイントは
「2つのハート・ランド」
の中間地帯
＝
現代の紛争の舞台は
アラビア半島

重要なのは、北のハート・ランドと南のハート・ランドにはさまれた地域です。なぜなら、この地域をおさえることができれば、南北2つのハート・ランドに影響を及ぼすことができるからです。

では、**南北のハート・ランドのあいだにあるのはなにかというと、アラビア半島です。**アラビア半島のアラビア砂漠は、昔から隊商貿易などが行われていたことからわかるように、通行が比較的容易なので2つのハート・ランドを行き来するには都合がいいです。ですから、地政学的にはアラビア半島をおさえることがとても重要になります。

マッキンダーはこのことを石油資源が大量に発見される前から指摘していました。つまり、**アラビア半島は石油資源があるから重要なのではなく、地政学的な理由から重要なのです。**

現代のグレート・ゲーム

アラビア半島は、南北のハート・ランドをつなぐだけではありません。ヨーロッパとアジアをもつないでいます。なかでも、アラビア半島の付け根にある**エルサレム**は、世界の中心ともいえる位置にあります。

マッキンダーは、「エルサレムの丘陵こそは、まさに世界の現実に照らしてみて戦略上の拠点というべきであり、その点で中世の見方と本質的な大差はない」といっています。

ここは、昔からさまざまな文明が交差する要衝でしたから、**ここをおさえれば、世界全体を制することができるというわけです。**逆にいえば、争いが起きやすくなるので、最悪の土地ともいえます。これは現代のパレスチナ問題にも関係する話です（P210）。

一方、アラビア半島の北方に位置する平野も重要な要衝です。ユーフラテス川流域からペルシア湾につながる一帯です。ここは肥沃な農耕地帯で、メソポタミア文明発

現代のグレート・ゲーム

トルコ　ロシア

シリア　イラン

ヨーロッパ

エルサレム　イラク

アメリカ

現代のグレート・ゲームの舞台は中東・アラビア半島

祥の地です。

立体的に見ると、この地域は東のイラン高原や南のアラビア半島の高台から見下ろす恰好になっています。山は守りやすいですが、平地は守りにくい。ですから、周辺の高台の遊牧民族や騎馬民族などがたびたび侵入し、征服するということが昔から起きてきました。

地図で見ると、ここはイラクやシリアです。現代の「グレート・ゲーム」が展開されている地域です。ロシア、イラン、トルコ、IS、シリア、アメリカ、ヨーロッパなど、これほど多くの勢力が乗り込んでいるのも、地政学的に魅力的な土地だからです。詳しくは、第6章で見てみましょう。

第2章

世界をかき回す覇権国家

アメリカの地政学

ランド・パワーで「新世界」を支配した人工国家アメリカ

No.1

世界のメインプレーヤー

第2次世界大戦以降の世界のメインプレーヤーは、アメリカです。とくに、ロシア（ソ連）との冷戦に勝利してからは、アメリカの一極支配の時代となりました。しかし、9・11からイラク戦争後の中東の混乱、リーマン・ショックをへて、**その絶対的なパワーにも陰りが見えはじめています。**

とはいえ、いまだアメリカが世界のトップに君臨していることには変わりありません。そして日本にとってはアメリカは同盟国であり、安全保障や経済の面でもっとも重要なパートナーです。

そこでまずはじめに、アメリカの地政学を見てみましょう。2017年にトランプ政権が誕生してから世界は激変し、ますます先が読みにくくなっていますが、アメリカの一貫した地政学的戦略をおさえることで、いまなにが起きているのかが見えてきます。

孤立主義の本質は「囲い込み戦略」

アメリカという国は、17世紀にイギリスから追われてやってきたピューリタン（イギリスのカルヴァン派）らが住み着いてできた人工国家です。いわば、**イギリスの**「**移民**」**によってはじまったのがアメリカという国です。**

彼らは、イギリス本国からの干渉を受けずに自分たちの「理想国家」をきずこうと考えました。この考えが、18世紀後半の独立戦争の原動力となりました。

建国当時のアメリカは、わずかに東海岸を治めるにすぎませんでしたが、ここから急激に膨張します。

アメリカの膨張政策には大きく2段階あり、**第1段階はランド・パワーの膨張で、**

第2段階はシー・パワーの膨張です。

まず第1段階のランド・パワーの膨張ですが、ここでは南北アメリカ大陸の支配をめざします。なぜ、南北アメリカ大陸かというと、アメリカ人のなかには、南北アメリカ大陸は「新世界」であり、ヨーロッパやアジアの「旧世界」とは違うという見方があるからです。アメリカ人には、旧世界から新世界へ「理想国家」をつくるためにやってきたという自負があって、南北アメリカ大陸は自分たちのもの、という考えがあります。

建国後のアメリカは、イギリスやフランス、スペインから土地を譲り受けたり、購入したりしながら領土を西へ西へと拡大し、先住民を追い払いながら西部を開拓しました。

このとき西部開拓を正当化した考え方が、**「明白な天命（マニフェスト・ディスティニー）」**です。「西部開拓は神によって割り当てられたものだから正しい」としました。

一方、対外的に示した考え方が**「モンロー主義（孤立主義）」**です。これは、第5代アメリカ大統領のモンローが年次教書（議会報告）で示した「モンロー宣言」（1823）がもとになっています。

アメリカの誕生とモンロー主義

建国当時の領土

イギリスからの移民
↓
**東海岸から西海岸へ、
さらに南北アメリカ大陸へ**

●その歴史から生まれた２つの考え方

明白な天命
（マニフェスト・デスティニー）

⇒開拓行為の正当化

モンロー主義
（孤立主義）

⇒ヨーロッパや
ロシアの
排除が目的

モンロー大統領

モンロー宣言とはなにかというと、「アメリカはヨーロッパのことには口を出さないから、かわりに、ヨーロッパの国々はアメリカ大陸のことに手を出さないでくれ」というものです。ヨーロッパ諸国に、アメリカ大陸への干渉をひかえるように求めたものでした。

モンロー主義は、一般に「孤立主義」といわれます。たしかに、ヨーロッパから距離をとるという意味では孤立主義ですが、**本質的な狙いは、ヨーロッパ勢力をアメリカ大陸から排除すること**です。

「モンロー主義（孤立主義）＝アメリカ大陸の囲い込み戦略」といえます。

大西洋から太平洋に到達！

当時、モンロー宣言の直接的なターゲットはメキシコとアラスカでした。

メキシコなどの中南米諸国では、スペインからの独立運動が起きていて、アメリカはこうした独立運動を支援して、ヨーロッパ勢力を排除しようとしました。だから、モンロー宣言でヨーロッパ諸国に対し、「アメリカ大陸のことに手を出さないように」といったのです。

アメリカは、ヨーロッパ勢力を排除しながら支配領域を広げていきます。もともとアメリカの西海岸（現在のテキサス州からカリフォルニア州）はメキシコの領土でしたが、メキシコに戦争をしかけて（米墨戦争、1846）、ここを奪いました。これによってアメリカは、はじめて大西洋から太平洋にまたがる国家となりました。

もう1つ、モンロー宣言がターゲットとしていたのが**アラスカ**です。当時、アラスカはロシアの領土で、ロシアがそこから南下政策をとって迫ってくる恐れがありました。

そこでモンロー宣言でロシアを牽制したうえで、1867年にロシアからアラスカ

を購入しました。アラスカそのものにはたいした価値はありませんでしたが、アメリカ大陸からロシアを排除したことはたいへんな意味がありました。もしも冷戦時代にソ連がアラスカに居座ったままだったら、一帯は非常に緊迫した状況に陥っていたでしょう。

こうしてヨーロッパ勢力を排除し、北アメリカ大陸をほぼ囲い込むことに成功したアメリカですが、新たな課題にぶつかります。ランド・パワーとして開拓すべき土地がなくなってしまったのです。フロンティアの消滅です。

ここから第2段階に入ります。**ランド・パワーからシー・パワーに転換し、「新世界」の外へ、世界覇権をめざして動き出すのです。**

世界中に軍事拠点をきずく　アメリカ型シー・パワー戦略

世界に「自由」を広める天命がある!?

大西洋から太平洋に達したアメリカは、海の向こうに新たなフロンティアを見出します。

しかし、海の向こうのフロンティアを開拓するにも、その理由が必要です。

そこでアメリカ人は、西部開拓時の「明白な天命（マニフェスト・デスティニー）」を拡大解釈します。つまり、**「自分たちには世界に自由・人権・民主主義を広める天命がある」**といい、**世界進出を正当化するわけです。**ここから第2段階のシー・パワーの膨張がはじまります。

No.2

孤立した「巨大な島国」だった

アメリカのシー・パワーを地政学的に理論づけたのは、海軍大学校の教官で軍人のマハン（P19）です。

マハンは、シー・パワーの大国が世界の覇権をにぎってきた歴史を根拠に、シー・パワーの重要性を説き、太平洋や大西洋といった「世界の大きな海洋を支配するものが世界を制する」と訴えました（ワールド・シー理論）。そして、**ハワイやフィリピンに軍事拠点を建設することや、パナマ運河を建設してカリブ海をアメリカ海軍の内海とすることを勧めました。**

アメリカは、このマハンのプランにそって世界進出を進めていきます。

1898年、アメリカはハワイ王国を併合します。ハワイには、のちにアメリカ太平洋艦隊の基地が建設されました。また同年、キューバの独立をめぐってスペインに戦いをしかけ（米西戦争、1898）、フィリピンやグアムを領有しました。フィリピンでの戦いでは、太平洋上のハワイの軍事拠点としての重要性が改めて認識されました。さらに、中南米諸国を恫喝してパナマ運河を建設し、カリブ海を支配します。

ちなみに、アメリカ人には中南米を自分たちの**「バックヤード」（裏庭）**とする考えがあります。ですから、「裏庭」にソ連が接近したキューバ危機（1962）は、たいへんなショックを与えたのです。

世界進出を進めるアメリカは、ヨーロッパ列強のような領土拡張政策をとりませんでした。あくまでも「孤立主義」を基本とし、領土をめぐってヨーロッパの国々と争うことはしませんでした。アメリカは、「自由」の普及のために世界に出ているのだという姿勢を貫きます。

ではどうしたかというと、**世界各地に軍事拠点をきずくことを基本政策とします。**

これには、地政学的な理由があります。

北アメリカ大陸をまるごと支配するアメリカは、見方によっては「巨大な島国」ということができます。「島国」なのでシー・パワーになるのは当然です。**巨大な島国・アメリカの地政学的特色は、ヨーロッパやアジアから遠く、孤立している**ことです。

世界覇権をめざすうえで、孤立した島国は不利です。大洋にはさまれているので防衛上は非常に有利ですが、攻撃するときには戦力を運ぶだけでもたいへんで不利になります。

「島国」アメリカのシー・パワーの膨張

領土は拡大せず、各地に軍事拠点を置く

日本

イギリス

同盟国に　　　　　　　　　　　　　同盟国に

ハワイ王国併合

グアム領有

米西戦争
↓
パナマ運河建設

フィリピン領有

世界の大きな海洋を支配するものが
世界を制する

マハン

そこでアメリカは、世界各地に軍事拠点をきずくことにしました。つまり、軍の諸活動を支援する「兵站（へいたん）」（ロジスティクス）を各地においていくのです。

兵站に適しているのは、安全で技術力にすぐれた国です。

では、アメリカにとって最適な兵站はどこかというと、ユーラシア大陸の両端にある日本とイギリスです。安全で技術力がある両国は、兵站の条件を満たしていて、シー・パワーの同盟国として信頼がおけるのです。

ペリーの黒船が日本を開国させたのも、本当の狙いは日本ではなく、中国でした。中国と関係をきずくにあたって、海運上

の拠点が必要だったのです。最終的には２つの大戦をへて、アメリカは日本に軍事拠点をきずくことに成功しています。在日米軍は、アメリカの世界戦略で欠くことのできない存在となっています。

善悪二元論で「正義の戦い」とする

アメリカは、第１次世界大戦でも第２次世界大戦でも、当初は参戦していません。ヨーロッパのもめごとには口を出さない「孤立主義」をつらぬく姿勢を見せました。

ただ、参戦の口実を探しています。そのときのロジックが、善悪二元論です。**アメリカはいつも「善」であり、アメリカにはむかう者を「悪」とします。**長いあいだ互いに衝突を繰り返してきたヨーロッパの国々は、国益を第一に考え、国益のためなら誰とでも手を組むリアルな外交をしますが、アメリカは善悪で色分けし、「悪」と戦います。善悪二元論というロジックを使って、「正義の戦い」というスローガンに落とし込むのです。

第１次世界大戦では、イギリスの船舶がドイツの潜水艦から無差別に攻撃され、ア

メリカ人が犠牲になったことから、そして海上交通と交易がさまたげられたことから、ド
イツを「悪」として参戦しました。アメリカがヨーロッパの戦争に干渉したのは、こ
れがはじめてでした。

また第2次世界大戦では、日本の真珠湾攻撃をきっかけに、日本やドイツのファシ
ズムを「悪」として参戦しました。ただ、それ以前にアメリカとイギリスはナチス打
倒と戦後処理の構想を「大西洋憲章」で合意していて、アメリカの参戦はあらかじめ
決まっていたことでした。参戦口実だけを探していたのです。

善悪二元論というロジックは、そのあとも繰り返し活用されていきます。

「世界の警察官」として世界覇権をにぎる

シー・パワー&エア・パワー

戦後のアメリカは、世界各地に軍事拠点をおき、シー・パワーとともに空軍のエア・パワーを展開しました。**世界の警察官**を自任し、あちこちに目を光らせました。

そして、善悪二元論のロジックで「悪」の勢力を見出しては、「自由・人権・民主主義」を守るという口実でいくつもの戦争に関わります。冷戦時代は「自由・人権・民主主義」、9・11以降は「イスラム過激派」、そして近年は「ロシア」や「中国」が「悪」です。「正義のために悪をたおす」という構図は一見すると正当に見えますが、そこには多くの矛盾もはらんでいました。

No.3

シー・パワー＆エア・パワーで世界覇権をにぎった戦後アメリカの戦略を見ていきます。

本質はイデオロギー対立ではない

戦後の冷戦構造は、「自由主義（アメリカ）と共産主義（ソ連）のイデオロギーの対立」と見られています。しかしこれは表面的な見方でしかありません。**本質は、「シー・パワーのアメリカとランド・パワーのソ連の対立」と見なければいけません。**

ランド・パワーのソ連が、キューバを拠点にシー・パワーのアメリカに圧力をかけようとした試みは失敗に終わりました（キューバ危機）。しかし、ランド・パワーの王道をいったときのソ連は強いです。ソ連は、ユーラシア大陸の中心（ハート・ランド）から、周辺のリム・ランドに進出し、マージナル・シーをおさえようとします。アメリカはこれを迎え撃つわけですが、それが朝鮮半島では朝鮮戦争となり、インドシナ半島ではベトナム戦争となりました。

朝鮮戦争（P218）は、北緯38度線で休戦状態となり、引き分けとなりました。

北朝鮮に対しては、ランド・パワーのソ連とともに中国が支援したので、アメリカはこれをたおすことはできませんでした。

ベトナム戦争（P229）は、ソ連が支援する北ベトナムが南北統一をめざしたのに対し、アメリカは「アジアでの共産主義の拡大を防ぎ、自由と民主主義を守る」という口実で参戦しました。アメリカは南ベトナムを支援し、50万人もの地上軍を投入しました。しかし、北ベトナムや南ベトナム解放民族戦線が展開するゲリラ戦に苦戦し、撤退を余儀なくされます。

ベトナム戦争では、「自由と民主主義を守る」という大義が疑われました。アメリカ国内はもとより、世界中で反戦運動が拡大し、非難の声が高まった戦争です。

しかし、**シー・パワーで世界覇権を狙うアメリカにとっては、朝鮮戦争とベトナム戦争はどうしてもさけられない戦争**でした。ソ連のリム・ランドへの進出は絶対に防がないといけませんし、ユーラシア大陸周辺の拠点をつないで、マージナル・シーとリム・ランドを支配するには必要だったのです。

中東の混乱を誘発した⁉

「世界の警察官」として各地に介入するアメリカ

ソ連

イラン・イラク
戦争（1980〜88）

朝鮮戦争
（1950〜53）

アメリカ

湾岸戦争
（1990〜91）

ベトナム戦争
（1955〜75）

キューバ危機
（1962）

戦後、ランド・パワーのソ連と各地で対立

↓

世界にテロを増幅させる結果になる

　アメリカとソ連のせめぎ合いは中東でも起ききました。アメリカは、イランやサウジアラビアを通して中東での存在感を維持していましたが、そのうちのイランで革命が起き（P200）、撤退を余儀なくされました。するとソ連が南下してきました（アフガニスタン侵攻、1979）。これに対しアメリカは、イスラム原理主義のゲリラに高性能の武器を提供して応援しました。

　一方、アメリカはイラクに大規模な武力支援をして、イランの革命政権を倒そうとしましたが（イラン・イラク戦争）、1988年に停戦となりました。すると戦争で経済破綻したイラクは、石油が豊

富な隣国クウェートに侵攻します。クウェートは、イギリスが石油利権を手に入れるため人工的につくられた国です。イラクとしては、クウェートは自分たちの領土というような考えがありました。

しかし、「世界の警察官」であるアメリカはこれを許しません。そもそもイラクを経済的に追いつめたのはアメリカだから、イラクのクウェート侵攻は自分たちが引き起こしたようなものなのですが、アメリカはイラクのフセイン政権を「悪」として、多国籍軍を結成して攻撃しました。これが**湾岸戦争**です（1990）。イラクはすぐに撤退して、このときは大事にはいたりませんでした。

冷戦が終わって、米ソの対立は解消し、アメリカの一極支配体制となりました。ただ長くはつづきません。9・11米同時多発テロ以降は「イスラム過激派」という新たな「悪」があらわれ、「対テロ戦争」がはじまります。

「イスラム過激派」というのはアメリカが自ら生んだものといえます。前述のように、9・11テロを主導したとされるアルカイダは、ソ連のアフガン侵攻のときにアメリカが支援したイスラム原理主義者たちが結成したものです。ソ連との戦いで自信を深めた彼らは、ジハード（聖戦）戦士を養成し、強力なテロ組織となりました。それ

がまわりまわって欧米をターゲットとした無差別テロを起こしていくわけです。

また、アメリカは大量破壊兵器の保有を理由（あとでウソと判明）にイラク戦争をしかけフセイン政権を崩壊させましたが、**バランスを失ったイラク国内はかえって混沌としました。** 反米感情が強まるとともにテロが頻発しました。つまり、アメリカが自らイスラム過激派を勢いづかせたのです。

「対テロ戦争」でテロを増幅させたアメリカ。**オバマ政権になると、戦後のアメリカの基本戦略を転換し、「世界の警察官」という看板をおろします。** 中東やヨーロッパ、アジアの戦争には介入しない。「もう余計なトラブルには巻き込まれたくない」ということです。これはなにかというと、戦前のモンロー主義（孤立主義）への回帰です。オバマ政権の孤立主義によってアメリカは引きました。すると**世界各地で反米勢力が勢いづきました。** 中国は東シナ海・南シナ海に進出し、ロシアはクリミアを併合し、ウクライナに勢力を拡大しました。米軍の撤退でイラクとシリアが内戦状態になると、そこにイスラム過激派のIS（イスラム国）があらわれました。

ところが、地政学のルールに、「引いたら、押される」というものがあります。オバマ政権の孤立主義によってアメリカは引きました。すると世界各地で反米勢力が勢いづきました。

こうした混沌とした状況に登場したのが、トランプでした。

オフショア・バランシングで有利なパワー・バランスをつくる

No.4

トランプのオフショア・バランシング

トランプは「アメリカ第一主義」の観点から、アメリカの覇権をおびやかすターゲットを明確にし、そのターゲットを確実に追いつめていきました。そのときの戦略としたのが「オフショア・バランシング」です。ここではトランプ流の「オフショア・バランシング」を見てみましょう。

トランプは、「世界の警察官」としての役割を負うつもりはありません。この点ではオバマ政権と同じです。ただ、オバマ政権では平和主義・消極主義の性格が強く、結果的に世界各地で反米勢力を勢いづかせてしまいました。これに対しトランプは、

圧力をかけるべきターゲットには積極的に圧力をかけました。

そのとき、「アメリカ国民がもう世界のために犠牲になったり、お金を出したりしなくていい」という**アメリカ第一主義の考え**から、必要以上に軍を投入することはありません。アメリカが全面的に介入しなくても、**沖合（オフショア）からコントロールしながら、地域のことは地域のパートナーにまかせ、相対的にアメリカに有利な勢力均衡が成立すれば、それでよし**とします。

これがトランプ流の「オフショア・バランシング」です。イギリスの伝統的な「バランス・オブ・パワー」の考え方と似ています。

アサド・ロシアと組みーＩＳ壊滅に成功

トランプが最初のターゲットとしたのは、ＩＳ（イスラム国）でした。ＩＳを徹底的につぶすため、ロシアやシリアのアサド政権と手を組んで追いつめる戦略をとりました。

オバマ政権では、アサド政権打倒を掲げ、アサド政権とも、それを支援するロシア

トランプのオフショア・バランシング

アメリカ

敵視　手を組む　手を組む　敵視

中国　ロシア　サウジアラビア　イスラエル　イラン

ユーラシア大陸　中東

沖合（オフショア）からコントロールしつつ
各地域の問題は各々に任せる方針

とも対立していましたが、これは結果的にアサド政権と対立するISに有利な状況をつくり出していました。ですからトランプは、戦略を転換して、アサド・ロシアと組んだのです。

また、オフショア・バランシングの戦略から、シリア内戦には干渉しないとしました。「外国の政権を打倒することに血道を上げるのを止めなければならない」とトランプはいっています。

ところが、アサド政権が化学兵器を使用したとして、2017年4月にシリアの空軍基地に対するミサイル攻撃を加えました。この攻撃は、

「レッドラインをこえたら叩く」というメッセージを世界（とくに北朝鮮や中国）に発信する意味が強かったと思われます。

2017年10月、アメリカ軍の支援をうけた

シリア民主軍は、ISの首都ラッカを解放し、ISは事実上崩壊しました。これでトランプの1つの目的が達成されたといえます。

事実上ISが崩壊したことから、トランプは中東への関与を低めていきました。これにより中東では、かつて覇権を争ったトルコ（オスマン帝国）とイラン（ペルシア帝国）、サウジアラビアが争う形に転換。トランプは、核武装阻止の観点からイランと距離をとる一方で、**イランを敵視するサウジアラビアやイスラエルと手を組んで、オフショアから中東をコントロールしました。**

イラン・北朝鮮の核武装阻止

オフショア・バランシングでは、脅威となる勢力がでてきたら、しっかりと叩きます。トランプが脅威と見たのは、イランと北朝鮮の核武装であり、次項（P68）で取り上げる中国でした。

トランプは、イランと北朝鮮の核開発を防ごうとします。そのとき大事なことは、**イランと北朝鮮は核開発で協力関係にあるので、**両国を同時に叩くことでした。

「核開発国」イランと北朝鮮への対策

イランへの制裁

核合意

アメリカ　経済制裁　イラン　⟷　英独仏

現状維持

アメリカは核合意から離脱・イランへ経済制裁

北朝鮮との交渉

経済制裁の解除

核の廃絶

米朝会談で非核化に向けて対話を行う

らみで進めていかないと意味がないのです。

まずイランですが、オバマ政権時代の2015年7月、イランと国連安保理常任理事国など6か国（米英仏独中ロ）の核協議をへて、最終合意にいたりました。

この核合意は、当初から問題点が指摘されていました。核開発は制限されますが、2025年から段階的に解除されることです。また、イラン国内にはウラン濃縮装置など核関連施設が残り、核開発計画を完全につぶすにはいたりません。イランは核開発を再開する可能性を残しています。

トランプは、「現行の欠点だらけの合意を補完する新たな合意」を結ぶよう英仏独に働きかけましたが、最終的に決裂しまし

た。イランとビジネス面の結びつきが強い英仏独としては、核合意を維持したいのが本音だったのです。それでアメリカは、イラン核合意からの離脱を決め、イランに対する経済制裁を段階的に強めました。

次に北朝鮮です。

2017年1月のトランプ政権誕生以降、北朝鮮はミサイルと核開発を加速させました。トランプは中国の習近平に北朝鮮を説得するように要請しましたが、それも無駄だとわかると、中国なしで解決をはかろうと、軍事的圧力を強めました。原子力空母や原子力潜水艦を日本海に派遣し、米朝間の緊張は極限まで高まりました。

このときトランプは、ただ北朝鮮を脅すだけでなく、正しい選択肢を示したうえで、核放棄を迫ったと考えられます。

米朝対話に向けた流れが生まれ、2018年6月12日に初の米朝首脳会談が実現しました。ここで「北朝鮮の核ミサイルの廃絶が行われた時点で、アメリカは経済制裁を解除する」という取引（ディール）があったとされています。

しかし、トランプ政権が崩壊したことで、北朝鮮はふたたびミサイル開発を加速させています。

経済制裁で米中貿易戦争が勃発

経済制裁で中国封じ込め

トランプが最大のターゲットとしたのが中国です。中国は巨大な経済活動で豊富な資金をつくり、それを原資に軍事的膨張を進めています。東シナ海や南シナ海では、「力による支配」で現状変更を目論んでいました。

これに対しトランプは、中国の経済活動に制裁を加えました。**貿易や金融経済も戦争の道具の1つですから、「米中貿易戦争」です。**

トランプ政権は、2018年7月から中国に対する経済戦争を本格化させました。はじめは、中国が知的財産権を侵害したとして、中国からの輸入品818品目、

No.5

関税をかけました。

340億ドル相当に対して25％の関税をかけました。これに対し中国も同規模の報復

これ以降、アメリカの制裁に対し、中国が「目には目を」で単純に報復するだけの

愚策に陥り、結果、アメリカの制裁関税を拡大させる結果となりました。中国企業の

対米輸出は急速に減り、収益は大きく落ち込み、中国経済は失速しました。

トランプ政権は、中国の通信企業大手のファーウェイとZTEに対する制裁も行い

ました。これは**通信分野の次世代移動通信システム（5G）の実用化をめぐる争い**で、

ライバルとなる中国の両社を封じ込める狙いがありました。

5Gは戦闘機の遠隔操作など軍事技術に直結するシステムで、安全保障に関わる非常

に重要な問題です。この「米中5G戦争」では、アメリカの働きかけもあり、オースト

ラリアやインド、イギリス、日本なども、両社を5Gから排除する動きが広がりました。

米の「航行の自由作戦」に英仏も参加

一般に、トランプはアメリカ第一主義を掲げて保護主義に走る一方で、習近平が国

米中貿易戦争の内情

貿易面

- 制裁関税
- ファーウェイとZTE の使用禁止（政府関係者）
- 両社を「5G」から排除

軍事面

「航行の自由作戦」

中国が軍事要塞化する南シナ海に ミサイル巡洋艦を派遣

中国に対し国際ルールに基づく自由貿易を促す

際社会で自由貿易を守っていると見られましたが、これは実態をあらわしていません。

中国はあくまで計画経済です。中国共産党の一党独裁のもと、経済においてもさまざまな規制や管理体制をしいています。外国企業が中国で自由に経済活動をしようとしてもできません。中国からは特許など知的財産権の侵害をして輸出されている製品が少なくなく、けして自由貿易とはいえません。**中国の貿易は、あくまでも自国産業の保護主義が基軸となっている**のです。

トランプ政権は中国に対し、国際ルールに基づいた真の自由貿易を促していた

といえます。

一方で、中国が南シナ海で軍事要塞化を着々と進めていることに対しては、**ミサイル巡洋艦やミサイル駆逐艦を派遣し、「航行の自由作戦」を実施し、軍事的優勢を取り戻そうとしました。**英仏にもよびかけて中国包囲網を形成しました。

トランプの対中戦略の目的は、米中戦争ではありません。中国に国際ルールを守らせることにあります。そして最終的には、アメリカ第一主義で、アメリカ経済を再建することにありました。

実際、トランプ政権時代には失業率が3・5%まで下がり、50年ぶりの低さを記録しました。これには、メキシコ国境の壁建設により、不法移民をブロックし、アメリカ国民の雇用と安全を守ったという背景もあります。そして、大減税により史上空前の好景気を実現しています。

パリ協定から離脱

トランプが進めたエネルギー戦略についても見ておきましょう。

　トランプは、「化石燃料＋再生エネルギー」による発電を主軸にすえました。化石燃料とは、石炭、石油、天然ガスのことです。

　アメリカではシェール革命が起きましたが、これはシェール層にある石油と天然ガスを採取する技術開発によって、エネルギーの生産量を増加させたものです。特に量産化した天然ガスのおかげでエネルギーに余裕ができ、アメリカのエネルギーの中東依存は2割まで下がりました。

　アメリカ本土には天然ガスのパイプラインが網の目のように走っています。天然ガスはパイプラインで輸送すれば、コストも安くなります。ちなみに輸出する場合は、天然ガスを冷却し液化した液化天然ガス（LNG）にしますが、これだとコストが高い。日本はLNGを輸入しています。

　化石燃料とともにもう1つの軸となるのが、再生可能エネルギーです。アメリカでは、太陽光と風力による発電量が自由経済のなかで自然に増え、すでに全体の10％を占めています。

　トランプは、**「化石燃料＋再生エネルギー」を推し進める戦略のなかで、2017年6月にパリ協定からの離脱を表明しました。**

パリ協定は、2015年に定められた地球温暖化対策の国際的枠組みで、2020年に開始しました。先進国だけに削減の義務を課した京都議定書とは違い、世界196か国・地域すべてに温室効果ガス削減の目標の提出と実績点検を義務づけています。しかし、世界一の排出国である中国は、2030年までは事実上、排出量制限はしなくていいとされています。

そもそもトランプは「気候変動問題はでっちあげ」とし、この問題自体を疑っていましたが、**離脱の狙いは、「アメリカ第一主義」でアメリカ経済を守ることにありました。**

アメリカの発電量の約65％は化石燃料による火力発電が占めています。オバマ政権はパリ協定の目標達成のため、火力発電などへの規制を強化しましたが、これにより発電コストは上昇し、間接的に製造業の経営を圧迫し、アメリカ経済に大きなダメージになりました。

これに対しトランプは、規制を取り払うことで石炭やシェールガス開発を後押しし、新たな産業を生み出し、雇用を増やしたのです。

パンデミック後のアメリカ 世界各地の反米勢力と対峙

国際協調路線のバイデン政権

新型コロナウイルス感染症が蔓延するなかで行われた2020年秋の大統領選は、「ナショナリズムの共和党トランプ」と、「グローバリズムの民主党バイデン」の対決となりました。結果は、トランプを破って**バイデンが第46代大統領に就任しました。**

トランプ政権はアメリカ第一主義でしたが、バイデン政権は**国際協調路線**へと転じます。パリ協定復帰など、世界から歓迎されました。

しかし、バイデンにはトランプのような地政学的な視点で反米勢力を抑え込む戦略はなく、世界各地で不穏な動きがあらわれてきています。

No.6

トランプ流の対中強硬を継承

まず、対中関係です。

バイデンは、「戦略的忍耐」政策で中国の膨張をゆるしたオバマ政権時の副大統領です。中国との関係が深く、次男のハンター・バイデンは中国軍とつながりのある中国のエネルギー大手企業と取引があったと報じられています。そのため、トランプ政権のような対中強硬策はとらないと見られていました。しかし現在までのところ、トランプ政権の戦略を引き継いで、中国を牽制する態度をとっています。

まず、**日本主導の「クアッド」（日米豪印戦略対話）を推進しています**。これは地政学的にシー・パワー勢力が中国を包囲する形をとり、南シナ海やインド洋の安全保障の強化を図るものです。

また、米英豪3か国による新たな安全保障の枠組み**「オーカス」**も形成しています。これはクアッドよりも軍事・安全保障を前面に打ち出していて、やはり中国の海洋進出を想定しています。

また、新疆ウイグル自治区や香港での人権弾圧を問題として、2022年北京冬季

五輪に対しては外交的ボイコットを表明しました。

大失態のアフガニスタン撤退

2021年8月、バイデン政権はアフガニスタンから米軍を撤退させました。

ところがこのとき、アメリカをはじめ**国際社会が支援してきたガニ政権が崩壊し、武装勢力タリバンに権力を明け渡す事態となりました。**しかも、権力の空白をついて、イスラム国組織ISIS-Kが首都カブールの国際空港近くで自爆テロを起こし、米兵とアフガン人を含む70人以上の死傷者がでる惨事となりました。

まるでベトナム撤退をほうふつとさせる大失態で、米国民のプライドは傷つけられ、これをきっかけにバイデンの支持率は急落しました。

このアフガニスタンというのは、多くの部族が群雄割拠する山岳地帯で、そもそも支配が難しい地域です。歴史上のいずれの大国も支配に失敗していて、「帝国の墓場」といわれています。

かつてはペルシア帝国やアレキサンダー大王、19世紀にはグレート・ゲームを演じ

たロシアとイギリス、1979年にはソ連が侵攻しましたが、いずれも最終的には撤退に追い込まれているのです。今回のアメリカもその例にもれなかったのです。

次にアフガニスタンを狙っているのは、中国です。中国にとっては「一帯一路」（P136）を拡大するチャンスです。一方で、米軍という安全装置がなくなったことは、中国にとってリスクでもあります。中国政府の弾圧を逃れたイスラム教徒がタリバンのもとに逃れ、訓練され、中国国内でテロを起こす可能性もあるからです。

反米勢力が伸張

トランプが、核拡散防止のためターゲットとしたイランと北朝鮮はどうなっているでしょうか？

イランはすでに高濃縮ウランの貯蔵量を増やすなど、核合意を大幅に逸脱する形で核開発を進めています。核合意の再建がめざされていますが、交渉の難航が予想されています。バイデンは強硬手段を取ることもちらつかせていて、そうなると、中東で新たな紛争に発展する恐れもあります。

対応を試されるバイデン政権

バイデン

* **対中強硬を継承**

* **東欧へ軍を派遣**

中東は警戒、朝鮮半島は関心が薄い

経済など国内の問題

反米勢力の伸長を防ぐ戦いで支持率回復を狙う？

北朝鮮は、以前のようにミサイル発射実験を繰り返すようになりました。そのミサイルには、新型の極超音速ミサイルなども含まれています。

金正恩としては、ミサイルの脅威を見せつけることで、バイデンを交渉の場に引きずりだしたいところです。しかし、**バイデン政権は経済制裁を継続し、朝鮮半島情勢に関心を示していません**。ただ、北朝鮮を野放しにしていると、核ミサイル技術はますます進展する恐れがあります。

ウクライナ危機も起きています。

2021年春以降、ロシアはウクライナとの国境付近に大軍を集結させ、ウクライナがNATOに加盟しないよう圧力をかけまし

た。これに対し、**バイデン政権は、ロシアの「NATO不拡大」要求を拒否し、東欧などへ軍を派遣しました。**アメリカ以外のNATO加盟国の一部も東欧に艦船や戦闘機を派遣しましたが、NATO加盟国ではないウクライナへの軍派遣には否定的で、平和的な解決を模索しました。ヨーロッパ諸国は、エネルギーをロシアに依存しているため、強気にでられない事情があります（P98）。このように、バイデン政権とヨーロッパ諸国では、対ロシアで温度差があります。

そんななか、北京冬季五輪直後の2022年2月22日、**プーチンはウクライナ東部の親ロシア派武装勢力が支配する2地域（ドネツク人民共和国・ルガンスク人民共和国）の独立を承認しました。**そして、**ウクライナへの軍事侵攻を開始しました。**

アメリカはNATO加盟国ではないウクライナへの軍事介入は行わない方針で、ほかのNATO加盟国も同じ方針です。厳しい制裁を課すとしていますが、ロシアに対抗する手段は限られています。バイデン政権は、ウクライナ危機に対して毅然と立ち向かう姿勢を見せることで、国内の支持率回復につなげたい思惑がありますが、厳しい状況に追い込まれています。

国内では、約40年ぶりの高水準の物価上昇（バイデンフレーション）や大型歳出法

案の審議の頓挫、そしてパンデミックと問題山積です。エネルギー価格の上昇は、環境重視でシェール増産に踏み切らないことが一因になっています。

2022年秋の中間選挙で負けると、バイデン政権は一気にレームダック（死に体）化する恐れがあります。

第3章

帝国主義へ回帰する北の大国

ロシアの地政学

なぜロシアはいつも南に向かうのか？

西欧からアジアまで顔がきく

ロシアの地政学を考えるとき、その**歴史的な成り立ち**を知っておくことが大事になります。

ロシアのはじまりは9世紀。バルト海からやってきた北欧のノルマン人が、先住民のスラヴ人を征服したことによります。これがキエフ（現在のウクライナの首都）を中心としたキエフ公国となります。ですからロシアは、「ノルマン人がスラヴ人を征服してできた国」です。

ノルマン人というのは、北欧の国をつくり、イギリスを征服した人種なので、「ロ

No.1

ロシアというランド・パワーの大国

ロシアが持つ要素

西欧　　スラヴ　　正教会　　モンゴル

⇒各方面に顔がきく

シアは西欧の一部である」といえます。同時に、先住民は
スラヴ人なので、スラヴ人としてのアイデンティティもあり
ます。たとえば、バルカン半島のセルビアやブルガリアなど
に対しては、「同じスラヴ系の仲間だよ」といえるわけです。

さらにいうと、キエフ公国はギリシャ正教に改宗し、のちの
ロシア帝国はビザンツ帝国の後継を名乗りました。なので、
ギリシャなどの国に対しては「同じ正教会の仲間だよ」とい
えます。

また、モンゴルに支配されたのち15世紀に独立したモスク
ワ大公国は、モンゴルの王（ハン）の後継を称しました。で
すから、アジアには「モンゴルのハンの後継者だよ」といえ
ます。なので、カザフスタンやウズベキスタンなど中央アジ
ア諸国はロシアの支配をすんなり受け入れたのです。

このように、**ロシアは四方に顔がききます。**これが地政学
的戦略を実現するうえでとても重要で、ロシアが世界最大の

ランド・パワーに成長した1つの要因となりました。

4 大艦隊で海上覇権もうかがう

マッキンダーが指摘したように、ロシアには難攻不落のハート・ランドがあります。艦隊が海から川をさかのぼってロシアに侵入することはできません。守りがとても堅いのです。

一方で、攻撃の面では弱点があります。いつでも軍艦を出動できる不凍港がないのです。ですから、**不凍港を求めて南下する「南下政策」がロシアの地政学的戦略の軸になりました。**

はじめは南下ではないですが、バルト海に港をつくりました。17世紀末、ピョートル大帝がバルト海に面したサンクトペテルブルクに軍港を開き、**バルチック艦隊を建**設しました。バルチック艦隊は、バルト3国とフィンランドを牽制し、海への出口を確保しました。

つづいて目をつけたのが黒海です。黒海は、ボスポラスとダーダネルスの2つの

海上覇権をうかがうロシアの四大艦隊

北極海

20世紀
北方艦隊

17世紀末
バルチック
艦隊

不凍港を求めて
南下

18世紀
黒海艦隊

19世紀
太平洋艦隊

海峡をへて地中海へ出ることができます。18
世紀、エカチェリーナ2世はオスマン帝国と
戦い、ウクライナやクリミア半島を獲得しま
した。そして黒海につきでたクリミア半島の
セヴァストーポリに軍港を開き、**黒海艦隊**を
建設しました。2014年のクリミア併合は、
この軍港を守ることが目的でした（P88）。

　南下政策のもう1つのルートは、太平洋で
す。19世紀、アレクサンドル2世は中国から
日本海沿岸の沿海州を奪い、ウラジオストッ
クに軍港を開き、**太平洋艦隊**を建設しました。

　さらに、20世紀になると**北方艦隊**も建設され
ました。北方艦隊は北極圏の奪還・管理をめ
ざしていて、現在、もっとも重要性が増して
います（P142）。

以上が、ロシア海軍の4大艦隊です。ロシアはランド・パワーの国ですが、軍港と艦隊を持つことで海上覇権もうかがっているわけです。

親欧米派からスラヴ派のプーチンへ

ロシアは、19世紀にグレート・ゲーム（P37）を繰り広げましたが、ことごとくイギリスに屈しました。イギリスと同盟した日本との戦い（日露戦争）では、太平洋艦隊とバルチック艦隊が敗れ太平洋進出を断たれました。また、同じスラヴ民族として連携しようといって（パン＝スラヴ主義）、バルカン半島への進出を試みましたが、クリミア戦争と露土戦争で阻止されました。そして、3B政策のドイツ（P167）と衝突したことが、第1次世界大戦の引き金となりました。

1917年のロシア革命を経てソヴィエト連邦が成立します。レーニンは親西欧派でしたが、そのあとのスラヴ派のスターリンは、西欧との対決姿勢を鮮明にしました。

戦後、東欧諸国をソ連に組み入れ、西側の欧米と対峙し、冷戦となります。バルト3国はソ連領とし、バルト海の覇権を確保しました。また、大戦末期に南樺太と千島列

島を併合し、オホーツク海の覇権を奪いました。

ゴルバチョフの時代に冷戦が終わり、つぎのエリツィンの時代にアメリカ流の市場経済が導入されます。ゴルバチョフとエリツィンは親西欧派で、西側では評価が高いですが、ロシア国内では不人気です。この時代、国営企業の民営化が推し進められ、これらを手に入れたユダヤ系の新興財閥が次々に誕生しました。莫大な富を独占し、政治にも強い影響を及ぼすようになった彼らは、国民から激しい批判にさらされるようになりました。またチェチェンなどの独立運動が激化して、大きな混乱が起きました。

この混乱を鎮めたのがプーチンでした。**プーチンは、ユダヤ系の新興財閥の資産を国有化して国民の不満を解消し、独立運動を力によってねじふせました。**ちなみに、チェチェンは、カスピ海油田の原油をヨーロッパ方面に送るパイプラインのルートになっているので、ロシアは絶対に独立をゆるしません。

プーチンは、スラヴ派です。欧米との対決姿勢を打ち出し、強いロシアを復活させるつもりです。

なぜクリミアを併合したのか？

グルジア侵攻は対米戦略

2000年にプーチンが大統領に就任してから、欧米との対立がいたるところで起きています。それは、グルジア侵攻、クリミア併合、ウクライナ危機などです。いずれも、「たんにロシアが領土を拡大しようとしているだけ」のように見えますが、**よく見ると、プーチンのしたたかな地政学的戦略が隠されています。**

はじめはグルジア侵攻です。2008年8月、ロシア軍は旧ソ連領のグルジア（ジョージア）領南オセチアに侵攻しました。

先にしかけたのは、グルジアの親米派サーカシビリ政権です。南オセチアに駐留し

No.2

ロシアのグルジア侵攻

ロシア

黒海

グルジア
（現ジョージア）

カスピ海

NATO加盟
を検討する
グルジアへの干渉

ているロシア軍を撤退させ、この地域のオセット人を追い出そうとしました。これに対しロシア軍が反撃したのです。ですから武力行使に打って出たサーカシビリ政権にも落ち度がありました。

ロシアはこの機会を逃さずに攻勢に出て、グルジアに勝利すると、南オセチアとアブハジアにロシア軍を駐留させ、両国の独立を一方的に承認しました。この両国の独立は国際的には認められていませんが、ロシアによって事実上、独立国家となっています。

では、なぜロシアはグルジアに干渉したのでしょうか？

じつはカスピ海周辺には膨大な石油や天然ガスの権益があり、欧米企業が莫大な投資をしています。その石油・天然ガスはグルジア経由のパイプラインによって、ロシアを経由せずにヨーロッパに送る計画でした。アメリカはこれを長年にわたって支援してきました。ということで、ロシ

アのグルジア侵攻の1つの狙いは、この**欧米のエネルギー計画を頓挫させること**にあ**りました。**

また、**グルジアはNATO加盟を検討していましたので、これを食い止める狙いもありました。**結果的に、グルジア侵攻は、EU加盟をめぐって対立が激化した2014年のウクライナ危機の前哨戦のような形となりました。

ウクライナは東西に分断されている

2014年3月、ロシアはウクライナのクリミア自治共和国を併合しました。クリミア併合はウクライナ危機がきっかけとなっていますので、まずはそこにいたる背景を見てみましょう。

ウクライナというのは、かつてのキエフ公国があった地域です。キエフ公国は、13世紀にモンゴル人によって破壊されましたが、モンゴルが衰退したあと、ロシア（モスクワ大公国）とポーランドが進出してきました。17世紀、黒海に注ぐドニエプル川をはさんで、東半分はロシア領、西半分はポーランド領に分割されました。**このとき**

ロシアが関与するウクライナ危機

親欧米派

親ロシア派

ドニエプル川

クリミア

親ロシア派の
東部のクリミアが
ロシアに編入される

グルジア侵攻もウクライナ危機も
NATO軍の進出を阻止するための南下政策

の分割から、東部はロシア系住民、西部はウクライ
ナ人が多くなりました。

　その後、近代化で力をつけたロシアは、西側のコサック兵を支援しながらウクライナ全土を併合し、さらにエカチェリーナ2世の時代にクリミア半島を奪い、軍港をきずきます（P85）。この時代から、ロシア人の移住が進みましたので、現在でもクリミアの人口の6割はロシア人です。

　ウクライナは、ロシア帝国からソ連時代にかけてロシアのものでした。それが1991年のソ連崩壊で独立します。このときクリミア半島はロシアから切り離され、ウクライナのものとなりました。しかし、ロシアはセヴァストーポリの軍港を手放したくないので、レンタルしました。期限は2017年まででしたが、2010年に更新されて、2042年ま

までとなりました。

ウクライナでは、独立後も東部のロシア系住民（親ロシア派）と西部のウクライナ人（親欧米派）のあいだで対立がつづきました。そして2014年、**EU加盟をめぐって親欧米派と親ロシア派との衝突が起き、ウクライナ危機が勃発**（P94）**。**そんななかで、クリミアの独立を問う住民投票が行われたのです。

戦後初の力による領土変更

クリミアの住民投票は民主主義の手続きをふんで行われました。結果は、ロシア編入に賛成する人が97％で圧倒。投票率も82％。国際法のルールでは、自分たちがどこの国に所属するのかは自分たちで決められることになっていますから、この領土変更は認められるべきです。

しかし、この住民投票はロシア軍とみられる武装した「自警団」が見張っている状態で行われていました。実際にはロシア軍の圧力のなかで行われた住民投票だったのです。

ですから、**ロシアのクリミア併合は、「力による領土変更」**といってしまってもいいものです。戦後の国際社会では「力による領土変更」はありませんでした。その意味で、これは歴史的にとても大きな事件でした。

ロシアにとってみると、クリミアは守らなければならない土地です。**南下政策をとりながら、西側の進出をくいとめる地政学的な要衝**です。ロシアが撤退すれば、かわって米軍を中心としたNATO軍が駐留してロシアの脅威となります。ですから、強引にでも奪いにいった、というのがクリミア併合でした。

また、プーチンがクリミア併合を断行できた背景には、当時のアメリカ大統領のオバマの消極姿勢もありました。オバマは力による外交を好みません。口では批判しますが、軍事介入には消極的。プーチンは、このオバマの消極姿勢を見透かし、強気に出たのです。

なぜウクライナへの介入を
やめないのか?

親ロ政権がEU加盟の公約を撤回

ここでは、ウクライナ危機に焦点をあてて見てみましょう。

ソ連崩壊後、ウクライナは独立したものの、西部のウクライナ人(親欧米派)と東部のロシア系住民(親ロシア派)のあいだで対立がつづきました。

2004年の大統領選では、西部の親欧米派のユシチェンコと、東部の親ロシア派のヤヌコーヴィチが激しく争い、ヤヌコーヴィチが僅差で勝利します。ところが、ユシチェンコ支持者は選挙不正を理由に大規模な抗議運動を展開し、再選挙にもちこみました。その結果、ユシチェンコが大統領に選ばれます。これが**オレンジ革命**です。

No.3

オレンジ革命は、旧ソ連諸国で起きた民主化革命の1つとされます。民主化革命というと聞こえはいいですが、**その実態は欧米の対ロシア戦略**にすぎません。

ユシチェンコはユダヤ系金融資本のジョージ・ソロスの資金援助を受けていましたし、ヤヌコーヴィチに対する抗議運動には欧米の政府や基金などの支援があったとされます。

プーチンは、巻き返しをはかります。ヤヌコーヴィチを支援し、2010年に大統領の座につかせ、完全な親ロシア派政権をきずかせます。こうなると西部のウクライナ人が反発を強めますので、それをかわすため、ヤヌコーヴィチはEU加盟を公約にしました。

ところが2013年、ヤヌコーヴィチはEU加盟の方針を撤回します。これに西部のウクライナ人が激怒し、反政府運動が勃発。ヤヌコーヴィチはロシアに亡命し、かわって親EU派のウクライナ暫定政府が成立しました。

すると今度は、東部のロシア系住民が反発。ロシアの支援を受けながら分離独立運動を展開しました。**2014年、ウクライナは事実上の内戦状態に突入しました**。こうした混乱に乗じて、ロシアのクリミア併合があったわけです。

なぜウクライナ危機は終わらない？

NATO加盟国

ロシア

ウクライナ

欧米とロシアの
バッファゾーンゆえに
紛争は避けられない

ロシアは
干渉を継続

停戦合意は守られず

ロシアのクリミア併合のあと、ウクライナ東部での戦闘が激しくなりました。2014年9月にいったんウクライナ政府軍と親ロ派武装組織が激突しました。2014年9月にいったん停戦合意（ミンスク合意）となりましたが、それでも戦闘は続き、翌年2月にあらためて停戦合意となりました（ミンスク合意2）。

ところが、この合意以降も散発的な戦闘がつづき、停戦とはほど遠い状況がつづきました。そして2021年春以降、ロシアはウクライナとの国境付近に大軍を集結させ、

「新ウクライナ危機」が起きました。

ウクライナ危機はなかなか出口が見えない状況です。ただ、こうなるのも仕方ない面があります。**ウクライナはロシアと欧米の中間のバッファゾーンにあるので、地政学的にどうしても紛争が避けられない運命にある**からです。

たとえば、第2次世界大戦中には、ドイツとロシアがこの地で激突し、独ソ戦の舞台となりました。ウクライナ人はソ連兵として前線に送り出されたり、戦闘に巻き込まれて、800～1400万人が死亡したといわれています。一般にはソ連の犠牲者に換算されてしまいますが、ウクライナ人は大戦中最大の犠牲者を出した民族の1つといわれます。このようにウクライナは、東西陣営が衝突する不運な場所にあります。

ソ連崩壊以降、東欧の国々はアメリカを中心とした軍事同盟・NATO（北大西洋条約機構）に加盟しました。その結果、**NATO勢力はロシアの目の前まで迫ってきました**。ロシアと国境を接するバルト3国のエストニアやラトビアは、NATOの加盟国です。残りはウクライナとなりました。東西の境界線がウクライナにまで移動してきたのでここで紛争が起きた、ということです。

親ロシア派2地域の独立承認

　2019年、ウクライナは憲法を改正し、**将来的なNATO加盟の方針を決めました**。NATOの東方拡大の脅威があるかぎり、プーチンはウクライナから引くことは

できません。そもそも冷戦終結後、東西陣営間で「NATOは東方に拡大しない」という約束があったとされ、これを反故にされているというのがプーチンの主張です。

一方でプーチンがしたたかなのは、西側陣営の弱みをしっかりとにぎっていることです。2014年のウクライナ危機以降、EUは「脱ロシア依存」を掲げ、エネルギー供給源の多様化をめざしてきました。ところが逆に、2020年のEUの天然ガス輸入量の**ロシア産の天然ガスの輸入量は増えています。**2020年のEUの天然ガス輸入量の4割以上がロシア産です。

しかも、従来のウクライナ経由のガスパイプラインにかわり、ウクライナを迂回してバルト海経由でドイツへつなぐパイプライン「ノルドストリーム2」が完成しました。ドイツは「脱ロ」どころか、ロシア依存を加速させています。

アメリカは「ロシアのウクライナ侵攻がはじまる」とウクライナ危機を盛んにあおりましたが、深刻なエネルギー不足の問題を抱えるドイツをはじめとするEU諸国はロシアとの関係悪化を望んでおらず、足並みはそろっていません。

そんななかプーチンは、NATO不拡大の確約がえられないため、行動にでました。北京冬季五輪直後、**ウクライナ東部の親ロシア派武装勢力が支配する2地域（ドネツ**

ク人民共和国・ルガンスク人民共和国）の独立を承認したうえで、軍事侵攻を開始しました。

　各国はロシアへの制裁を発動しました。なかでも重要な動きは、ドイツがノルドストリーム2のプロジェクト承認を停止したことですが、これはどちらかというとエネルギー不足に悩むドイツやEU諸国にダメージとなります。ロシアは中国向けのガスパイプライン「シベリアの力」を開通させ、輸出を拡大しているので、供給先はいくらでもあります。ちなみに、プーチンと習近平は北京冬季五輪中の共同声明で「NATO拡大反対」を確認していて、連携を深める方向に動いています。

　プーチンは緊張緩和の条件として、ウクライナの「NATO加盟断念」「中立宣言」「武装解除」だけでなく、「ロシアのクリミア併合の承認」を加え、要求をつりあげました。プーチンのめざすところは、ウクライナをバッファゾーンとして維持すること
でしょう。ウクライナを併合すると、バッファゾーンが消滅し、西側と直接対峙することになり、リスクとコストが高まるだけなので、地政学的にはよい戦略とはいえません。ただし、**バッファゾーンを維持するための干渉はつづけます**。ドネツク・ルガンスクの独立承認はその戦略の一環といえます。

東方シフトのロシア、ユーラシア主義で中国に対抗

東方重視でバランスを調整

ロシアは国家的プロジェクトとして、「東方重視」の戦略をすすめています。ロシアの人口の8割はヨーロッパ側にありますが、資源の8割は東方の極東・シベリアにあります。ですから、このアンバランスを調整して、**東方に人口や国家の重点を移したい**と考えています。

そこで問題になるのが**中国**です。この戦略には中国をとりこみたいという思惑もありますが、同時に、台頭する中国への警戒心もあるのです。

ということで、ロシアにとってメリットとデメリットをあわせもつ中国との関係を

No.4

中心にロシアの東方戦略を見てみましょう。

なぜ面積等分で妥協したのか？

ロシアと中国は、4300キロにわたって国境を接しています。ランド・パワーの2つの大国がこれだけ接しているわけですから、どうしたって関係はぎくしゃくします。

実際、1689年に結ばれたネルチンスク条約のころから長年にわたって国境の争いがありました。そのほとんどは、ロシアが武力をちらつかせ一方的に押し付けてきたものです。しかし、戦後の1950年代後半からは中国も反発を強め、国境での緊張が高まりました。1969年には、ウスリー川の珍宝島（ダマンスキー島）で武力衝突がおき、あわや核戦争の危機にまで発展しました。

しかし、ソ連崩壊直前の1991年に締結された中ソ国境協定（中ロ東部国境協定）を皮切りに国境画定作業がはじまりました。ダマンスキー島については、この91年の協定で中国の帰属ということで合意しています。

さいごまで時間がかかったのは、アムール川とウスリー川の合流点にある大ウ

あくまで「実利」をとるロシアの国境画定策

ロシア
大ウスリー島など
（2004年解決）

中国

珍宝島
（1991年解決）

2004年
大ウスリー島など
3島を面積で
二等分割して解決

●国境問題解決によるメリット

中国との対決リスクを回避　　中国と経済的につながる

↓

自国の資源開発等における利益を追求

スリー島など3島の帰属です。ここは1929年からロシアが実効支配していたので、ロシアが引くことはないと思われていました。ところが2004年、プーチンと胡錦濤の会談では、**「フィフティ・フィフティ」方式**で解決しています。単純に中州を面積で半々にすることになったのです。これで両国間の国境はすべてクリアになり、2008年に正式に国境が画定しています。しかし、なぜプーチンは面積等分で妥協したのでしょうか？

1つには、**台頭する中国とのあいだにある争いの種をつぶしておきたかった、**というのがあります。ロシアの伝統的な戦略は、相手が弱いときには押しますが、

強いときには引くというもの。プーチンはこの伝統にしたがい、中国と不要に対決するリスクを避けたのです。

もう1つには、**極東・シベリアの開発のために中国の成長を取り込みたかった、**という思惑もあります。

実際、国境画定以降、中国との経済的な結びつきは強まっています。シベリアから中国向けの石油パイプラインがつくられ、2011年から中国向けに石油が輸出されています。ロシアにとって輸出入ともに中国は重要なパートナーになり、中国・ロシアのほか中央アジア7か国が参加する上海協力機構（SCO）も発足しています。

こうした国境交渉から見えてくるのは、**「妥協するところは妥協して実利をとる」**というプーチンの柔軟な戦略なのです。

じつは、ノルウェーとの紛争でもそうでした。ロシアは、ノルウェーと40年以上にわたってバレンツ海の排他的経済水域境界線をめぐる紛争がありましたが、2010年にフィフティ・フィフティ方式で解決しています。ここでもロシアは「資源共同開発」という実利をとっているのです。

ユーラシア主義の帝国へ

ロシアは中国と表面上はうまくつきあっています。しかし、潜在的にはランド・パワーのライバルです。　警戒心をとくことはありません。

領土問題でいうと、**沿海地方の帰属問題**があります。ロシアは、1860年の北京条約で沿海地方（アムール川左岸およびウスリー川東岸）を併合し、そこから極東の町ウラジオストックを建設しました。　しかし中国の教科書には、この北京条約は「不平等条約である」と書いてあります。**中国はいつかは沿海地方を取り戻したいと考えている**のです。ロシアの極東部の人口が630万人程度なのに対し、隣接する中国東北部の人口は1億人をこえています。ロシアには、この地域で対立が表面化することへの危機感があります。

また経済面では、中央アジア諸国の引っ張りあいになっています。カザフスタン、キルギス、タジキスタン、トルクメニスタンなどの中央アジア諸国は、かつてはロシアの「裏庭」でしたが、いつのまにか中国の経済圏に入り、いまや中国の「裏庭」になっています。　ロシアはこの地域を取り戻したいと考えています。

中ロの争いはすでに起きていて、二〇二二年初めに起きたカザフスタンの全国的な騒乱の背景には、親ロシア派のトカエフ大統領と親中派のナザルバエフ前大統領の権力闘争があったとみられています。

では、中国への対抗策はなにか？　二〇一五年一月に発足した「ユーラシア経済連合（EEU）」です。EEUは、ロシア、ベラルーシ、カザフスタン、アルメニア、キルギスで構成され、ユーラシア大陸中央における「EU」のような共同体になろうとしています。

ロシアは、スラヴ系だけでなく、テュルク系やイラン系、モンゴル系などさまざまな人種からなる超民族国家で、**必然的に帝国となる運命にある**と考えています。これは「**ユーラシア主義**」と呼ばれるもので、ロシアはヨーロッパやアメリカ、アジアとは異なった独自の発展法則をもとに帝国への道を歩んでいくと信じています。これを具現化したのが「EEU」ということです。

北方領土問題を解決し、日本を東方のパートナーに

No.5

アメリカが打ち込んだ楔

ここでは北方領土問題をおさえるとともに、これからの日ロ関係を考えてみましょう。

19世紀、南下政策をすすめるロシアは、清（中国）の弱体化につけこんで沿海地方をうばい（北京条約、1860）、ウラジオストックに軍港をつくり、太平洋艦隊を設けました。でも、さらに南方には日本という壁がありました。しかも、日本の背後にはイギリスやアメリカがひかえています。

ロシアは、じわじわと樺太や千島列島から侵入し、日本とぶつかります。1875

年の樺太・千島交換条約では、「混住の地」とされていた樺太がロシアの領土となり、かわりに千島列島は最北のシュムシュ島まですべてが日本のものとなりました。日露戦争後のポーツマス条約では、樺太の南半分が日本のものとなります。

しかし1945年8月、ソ連（ロシア）は無条件降伏をした日本に攻め込み、南樺太と千島列島を占領しました。このときの侵攻は、「日本の領土には攻め込まない」という日ソ間の約束もやぶりました。

島列島の獲得を約束する」というヤルタ会談の極東密約によるものです。

ソ連にとって日本はリム・ランドにあたります。ここを足がかりにマージナル・シーをおさえ、太平洋へ進出したいところです。しかし、アメリカがこれをゆるしません。アメリカは日本とロシアが結びつかないように、楔（くさび）を打ち込みました。それが「北方領土問題」です。

アメリカは、サンフランシスコ講和条約でわざと千島列島の帰属をあいまいにして「北方領土問題」をこしらえました。 サンフランシスコ講和条約を見てみると、日本は「千島列島」を放棄したことになっていますが、「千島列島」の範囲が明らかにされていません。

で、ソ連との北方領土交渉にのぞみます。

日本は「千島列島のうち歯舞・色丹・国後・択捉の四島は日本のもの」という主張

プーチンは「引き分け」でいい

1956年の日ソ交渉では、「二島（歯舞・色丹）返還」でまとまりかけました。と

ころが、アメリカのダレス国務長官が日本に対し、「国後・択捉がソ連のものになる

なら、沖縄はアメリカのものになる」という趣旨のおどしをかけてきました。有名な

「ダレスの恫喝」です。これで二島返還案は消えました。

その後の交渉では、「領土問題は存在しない」と主張するソ連と、「四島一括返還」

を主張する日本とのあいだで議論がかみあわず、進展は見られませんでした。そんな

なか日本では、「四島一括返還」が神話化されていきます。

では、プーチンの時代になってどうなったでしょうか？ **プーチンは、「二島（歯**

舞・色丹）だけでなく、四島（歯舞・色丹・国後・択捉）が交渉の対象である」といっ

ています。こんなことをいうロシアの大統領ははじめてです。また、「引き分け」や

今後の日ロ関係と北方領土問題

●返還交渉の対象

①四島一括返還
　…日本側の主張

②二島返還
　…歯舞・色丹の二島

③面積等分による返還
　…「引き分け」の解決法

2018年11月の日ロ首脳会談で「二島返還」の方針を加速させることを合意

⇩

北方領土にも米軍基地を置くのかが問題

「勝者も敗者もない解決」ということもいっています。さらにロシア側からは、中ロ国境画定のフィフティ・フィフティ方式（P102）は「紛争解決のモデル」になるというメッセージも発信されています。

かりに「引き分け」とすると、歯舞・色丹は北方領土の1割にも満たないので、国後のすべてと択捉も交渉の対象に入ってきます。日本からも「面積等分論」が出たことがありますが、プーチンはこれに興味を示していました。

そんななか、2018年11月の日ロ首脳会談で、1956年の日ソ共同宣言を基礎に交渉を加速させることで合意しました。

つまり、「二島（歯舞・色丹）返還」に立ち

返るということです。プーチンは56年宣言の有効性は認めていて、二島返還で平和条約を締結する考えがあるようです。

問題は二島返還で決着するとして、**主権が日本に移るとなると、そこは日米安全保障条約の対象となる**ことです。つまり、北方領土に米軍基地がつくられる可能性があります。そこでプーチンは、「北方領土を引き渡したとしても米軍が展開しない」という確約を求めています。日本としては急所をつかれた格好です。アメリカに「北方領土だけは安保対象から外してくれ」などとは言えないからです。

プーチンは、住民や知事の反対にもかかわらず沖縄の米軍基地が強化されている例をあげ、「日本には主権はないのか」と本質的な問いを投げかけています。北方領土問題は単純な日ロ問題というよりは、日本とアメリカの問題である。プーチンのこの認識は恐ろしいほど的を射ています。

第4章

アジアから世界の覇権をねらう

中国の地政学

シー・パワーの国になれなかった大陸国家、中国

ランド・パワーの超大国

中国はランド・パワーの国です。中国の古代文明が生まれたのは海沿いではなく、黄河などの大河沿いであって、つまり内陸でした。内陸から発展して、ランド・パワーの大国になりました。

中国は長い海岸線をもっているので、シー・パワーになってもよさそうです。しかし、海からの脅威がほとんどなく、いつも内陸の遊牧民におびやかされるうちに、中国はランド・パワー大国となりました。遊牧民はランド・パワーですから、**ランド・パワーに対抗する術を磨いているうちに、自らもランド・パワーとして強くなった**のです。

No.1

そんな中国も、シー・パワーになろうとしたときがありました。しかし、それが失敗したことで、長らくシー・パワーは封印されてしまいます。ということでまずは、シー・パワーになりえなかった中国の地政学を見てみましょう。

シー・パワーを手にしたモンゴル

13世紀、中国全土を支配したのはモンゴル帝国です。これは遊牧民のモンゴル人が中国の漢民族を支配してできた帝国です。

モンゴル帝国は、遊牧民がきずいた帝国ですから、もちろんランド・パワーになります。ただだこのモンゴル帝国は、シー・パワーを取り込んで、「ランド・パワーとシー・パワーを兼ね備えた帝国」をめざしました。そんな構想を持っていたのが、チンギス・ハンの孫のフビライ・ハンです。

フビライは中国支配を進める過程で、中国の南半分を治めていた南宋を攻めました。南宋は長江の支流（漢水）に強力な水軍を構えて迎え撃ちました。ランド・パワーのモンゴルは、シー・パワーの水軍を持ちませんので苦戦しましたが、兵糧攻めに

よって降伏させることに成功しました。このときに降伏した南宋の水軍が、そのままモンゴル軍に組み込まれたのです。またこのころ、朝鮮の高麗の水軍も手にしました。

こうして水軍を手に入れたフビライは、海洋進出を試みます。2度の日本遠征（元寇、1274、1281）とジャワ遠征（1292）です。しかし、**異民族のシー・パワーにたよったこの戦略は、いずれも失敗に終わりました。**

この失敗が中国のトラウマとなり、これ以降の中国王朝は海洋進出に消極的になります。

鄭和の大遠征は一代限りの例外だった

モンゴル帝国にかわって打ち立てられたのが明です。明の時代にはじめて海からの脅威に直面しました。それが**シー・パワーの倭寇**でした。

倭寇は日本の海賊です。自由な貿易を求めてやってくる海の商人ではあるのですが、実態は武装集団です。掠奪行為をしたりして、中国や朝鮮の沿岸を荒らし回っていました。

ランド・パワー中国のシー・パワーとの戦い

中国の敵は常に
内陸からやって来る

↓

ランド・パワーの国に

シー・パワー国家との戦い

16世紀：倭寇（日本） → 負け
19世紀：イギリスなど → 半植民地化
　　　　日本 → 負け

元のフビライは海洋進出を
試みたが、あえなく失敗

↓

屈辱を晴らすべく海洋進出への野望を抱き続ける

シー・パワーの倭寇に対抗するには、シー・パワーで追い返すしかありません。ランド・パワーの中国にとっては、シー・パワーを磨くチャンスでもありました。ところが、明はそれをしませんでした。

明がとった政策は、海禁政策という消極的なものでした。海外との勝手な貿易を禁止し、海外渡航を禁止し、さらには海岸線に近づくことを禁止するというものです。これで海岸線から一定の距離が無人になったといいます。

明の時代のシー・パワーの例外に、15世紀初頭の**鄭和の大遠征**があります。色目人（イスラム教徒）の宦官（宮廷に仕える去勢された男性）である鄭和を司令官とする数

百隻の大艦隊が、東南アジアからインド、さらにはアラビア半島や東アフリカまで到達したといわれます。

これは訪れた国々に朝貢（中国皇帝への貢ぎ物を送ること）をうながし、明を中心とする国際関係をきずくのが狙いだったと見られます。

鄭和の遠征は、ランド・パワーの中国にとってはじめての海洋進出でした。しかしこれは例外中の例外で、第三代・永楽帝のたった一代で終わりました。

永楽帝の死後、艦隊は解体されてしまいました。王朝内部の抗争で、シー・パワー派がランド・パワー派におさえ込まれた結果でした。

シー・パワーに負けた中国の屈辱

明の次は清です。　清は、満州人が漢民族を支配してできた王朝です。清は内陸から沿岸まで勢力を拡大し、中国の全盛期をもたらしました。この時代に新疆ウイグル自治区も征服しています。「新疆」とは、中国に入れられた「新しい領土」という意味です。

沿岸部は、朝鮮や琉球、台湾、ベトナムなどにも勢力を広げました。しかし、台湾をのぞくとこれらは朝貢国であって、直接支配しているわけではありません。直接支配した内陸部とは違います。その意味でも、あくまでも清はランド・パワーの帝国でした。

そんなランド・パワーの清は、19世紀になるとシー・パワーのイギリスをはじめとする欧米列強によって半植民地化され、さらには日清戦争でシー・パワーの小国・日本にも負けてしまい、崩壊に向かいました。

こうした屈辱の歴史から、中国はランド・パワーだけでなく、シー・パワーとして海に打って出なければいけないという考えがあるのです。それがいま、実行されようとしているのです。

「ランド・パワー＋シー・パワー」への方針転換

朝鮮戦争は米中の代理戦争

戦後の中国は、ランド・パワーのベースのうえに、シー・パワーを兼ね備えた大国への道を歩みはじめます。

もともとアメリカの支援を受けていた中国ですが、戦後の内戦で勝利した共産党が一党独裁体制をきずくと、アメリカ資本はしめだされました。共産党政権はソ連寄りです。ちなみに、内戦で負けた国民党は台湾へ逃れました。

ここから、ランド・パワーの中国とシー・パワーのアメリカが対立することになります。それが表面化したのが、リム・ランドの朝鮮半島で起きた朝鮮戦争（1950

No.2

〜1953）です（P218）。

第2次世界大戦後の朝鮮半島は、北緯38度線を境に、北はソ連、南はアメリカの占領となり、それぞれ北朝鮮と韓国として独立しました。

しかし、南北統一をめぐって戦争となりました。これが朝鮮戦争です。韓国のバックにはアメリカがついて、朝鮮半島を北上してきます。中国としては、朝鮮半島は自分たちの勢力圏としてきた伝統がありますから、北朝鮮を応援してアメリカ勢力に立ち向かいました。**中国にとって朝鮮半島は、アメリカ勢力に対するバッファゾーン（緩衝地帯）という位置づけ**になります。

実質的に中国とアメリカの代理戦争となったこの戦いは、結局、「休戦」となり、いまにいたります。

シー・パワー派　鄧小平の登場

毛沢東時代の中国は、ランド・パワーのままでした。ランド・パワーのソ連・共産党でスターリンの個人崇拝が進んだように、同じランド・パワーの中国・共産党でも

毛沢東の個人崇拝が進みました。

ところが、ソ連でスターリンが死んだあと、後継者のフルシチョフがアメリカとの平和共存を掲げ、「スターリン批判」を行いました（1956）。毛沢東は、国内で「毛沢東批判」が起きることを恐れ、フルシチョフを非難します（中ソ論争）。ここから中ソの関係は悪化し、国境紛争にまで発展しました（P101）。また同じころ、ベトナム戦争でアメリカが軍を展開していました。

北にソ連、南にはアメリカ。両大国にはさまれる形で、中国は地政学的な危機を迎えていたのです。

このままではまずいと、改革を求める劉少奇（りゅうしょうき）・鄧小平（とうしょうへい）らが毛沢東を国家主席から追放し、政権をにぎりました。毛沢東は、文化大革命（毛沢東を絶対化した大衆政治運動、1967〜1977）を起こして巻き返しをはかりましたが、最終的には鄧小平が勝利しました。

鄧小平は、**アメリカに歩み寄り、ソ連の脅威に対抗する戦略をとります**。日・米からの資本導入で経済を立て直す、改革開放政策を進めます。ですからこの時代には、日本やアメリカとの関係改善が進みました。

シー・パワー路線への転換期

中ソ論争でソ連との関係悪化
＋
ベトナムにアメリカが軍を展開
⇩

はさまれた中国

⇩

鄧小平が日米との関係改善と
シー・パワー路線をすすめる

「第1・第2列島線」の提唱

鄧小平

第1・第2列島線からの
米軍撤退が狙い

それはそれでよかったのですが、すでに鄧小平の視線はその先に向いていました。経済の立て直しをはかりながら、軍備を増強し、海洋進出をはかろうとしていたのです。中国のシー・パワー戦略は鄧小平からはじまります。

鄧小平時代に打ち出された海洋戦略上の概念が、**「第1列島線」**と**「第2列島線」**（P125）です。

「第1列島線」と「第2列島線」は、もともとはソ連への備えから考え出された

ものですが、ソ連が崩壊してからは、「対米防衛線」として重視されるようになりました。

第1列島線は、沖縄から台湾、フィリピンを結ぶラインです。第2列島線は、小笠原からグアム、サイパンまでを結ぶラインです。

計画は遅れていますが、2010年までに第1列島線をおさえ、2020年までに第2列島線をおさえるというプランです。

尖閣諸島への領海侵犯や南シナ海への進出は、この第1列島線のプランにもとづく行動です。

ただ、これはあくまで「対米防衛線」ですので、この海域をすべて実効支配するという意味ではありません。米軍に出ていってもらうのが狙いです。つまり、**沖縄やグアム、サイパンのアメリカの海軍に撤退してもらい、かわりに中国海軍を展開したいと考えています。**

2007年、中国海軍幹部はアメリカ側に「ハワイより東を米軍、西を中国海軍が管理しよう」と持ちかけたといわれていますが、これが中国のシー・パワーがめざしている姿です。

ちなみに、第1列島線と第2列島線のプランを立てたのは、中国海軍の劉華清海軍司令官です。劉華清は、空母の必要性も訴え、それが2012年に建造された**中国初の空母「遼寧」**として結実しました。遼寧は、ウクライナから購入した旧ソ連製の空母を改修したものです。2019年には国産初の空母「山東」が就役し、国産2隻目は2022年に進水の見通しです。「外洋艦隊をもつのは偉大な文明だけ」という考えから、中国はプライドにかけて空母を増産しようとしています。

中国はミサイル技術も急速に向上させています。2021年8月には、核弾頭を搭載できる極超音速兵器の発射実験を行い、世界に衝撃をあたえました。これは低飛行高度で複雑な軌道を描くミサイルで、アメリカのいまのミサイル防衛システムでは突破される恐れがあります。

尖閣・沖縄から南沙諸島を狙う 中国の海洋戦略

狙うは東シナ海と南シナ海

中国は、「第1列島線」と「第2列島線」という2本の対米防衛線を実現しようとしています。第1列島線をおさえる現段階で問題になっているのが、**東シナ海と南シナ海**です。2つの海で中国はなにをしようとしているのかを見てみましょう。

米軍が撤退したフィリピンの二の舞に

まずは東シナ海ですが、中国はここで**尖閣諸島**や**沖縄**を奪いにきています。

No.3

中国の第1列島線、第2列島線

東シナ海 / 沖縄 / 台湾 / 南シナ海 / フィリピン / 第1列島線 / 第2列島線 / 小笠原 / グアム / サイパン

第1列島線…沖縄、台湾、フィリピンを結ぶライン
第2列島線…小笠原、グアム、サイパンを結ぶライン

尖閣諸島について、中国は1971年から領有権を主張しはじめています。1978年には、機銃を装備した約140隻の漁船が尖閣諸島周辺に集まり、そのうち約10隻が領海侵入を行いました。

このとき鄧小平は、「我々の次の世代、また次の世代は必ず解決方法を見つけるはずである」として、**問題を棚上げし、日中友好を優先しました。**当時の中国は、経済発展のためにどうしても日本の資本を必要としていたからです。しかし、経済発展したあかつきには、自分たちに有利な条件で解決しようと考えていました。

そして近年になって、経済的にも軍事的にも強大化した中国は、尖閣諸島を本

気で奪いにきています。

尖閣諸島周辺にさかんに漁船を送り込み、日本の実効支配を崩そうとしています。

もう１つ、東シナ海で中国が狙っているのが、沖縄です。いま沖縄では、辺野古新基地建設の問題などで米軍基地に対する反発が強まっています。2018年の県知事選では、亡くなった沖縄県前知事・翁長氏の遺志をついだ玉城氏が選ばれ、新基地建設阻止の民意が強くなっています。

ちなみに、翁長氏は「沖縄の自己決定権」を訴えていました。これは外交や防衛については国の判断によるので基地についても国が決めることではあるが、そこでは沖縄住民の意思が反映できる、という主張です。その主張が通らないのであれば独立を主張できる、という考えがあります。沖縄の独立という可能性が否定できないわけです。

ここでは地政学の面から考えますが、もし沖縄が独立したらどうなるでしょうか。米軍も自衛隊も撤退します。そうなると**中国軍がやってきて、あっというまに支配するでしょう。**

これには前例があります。

かつてフィリピンには米軍基地がありました。しかし、コラソン・アキノ大統領時代に大規模な反米運動が起こったことから、1992年に米軍は撤退しました。フィリピン国民は喜びましたが、それからすぐに、南沙（スプラトリー）諸島に中国の漁船と称する民兵が押し寄せて、あっという間に基地をつくってしまったのです（P237）。

ですから、沖縄から米軍が撤退すれば、同じようなことが起きる恐れはあります。

領海化して原子力潜水艦を展開したい

次に南シナ海です。中国が南シナ海方面へ進出しはじめたのは、1979年の中越戦争からです。

カンボジアに侵攻したベトナムに対し、中国が攻撃を加えたのが中越戦争です。このときは、ベトナム戦争を戦いぬいたベトナム軍が展開するゲリラ戦によって、中国軍ははね返されました。しかしその後、中越国境紛争（1984）や南沙諸島をめぐる戦い（1988）では中国が勝利し、中国は南沙諸島を実効支配します。

それから中国は、南シナ海での活動を活発化させ、ベトナムやフィリピンと争っています。南沙諸島には人工島をつくり、軍事拠点と思われる施設をきずいています。

いまの中国は、なによりも南シナ海の領有を重視しています。それというのも、この海域に原子力潜水艦を自由に展開したいからです。

現在、軍事的に最強兵器の1つとされているのが、**原子力潜水艦**です。**海中の原子力潜水艦は、軍事衛星でもとらえられない**からです。燃料や酸素の心配もなく、数か月以上の連続潜水ができるようになっています。

中国の戦略原子力潜水艦の基地は、海南島にあります。中国としては、原子力潜水艦に核ミサイルのSLBM（潜水艦発射弾道ミサイル）を積んで、これを南シナ海に展開したいと考えています。SLBMの射程距離は1万キロあるとされ、アメリカの西海岸にまでとどきます。南シナ海は公海なので、アメリカのP‐3C哨戒機が上空から監視していますが、南シナ海が中国の領海となると、アメリカ軍はこの海域に近づけなくなります。

つまり、**中国は南シナ海を領海化できれば、SLBMを積んだ原子力潜水艦を展開し、アメリカに核攻撃をする能力を持つことになる**のです。こうなると中国とアメリ

カのパワーバランスが対等になってきます。

また、南シナ海が中国の領海となると、**日本のシー・レーンが分断されます**。中東からの原油の輸送路となっている日本のシー・レーンを邪魔することができます。こうした戦略から、中国は南シナ海諸島の領有権を主張してきました。

そもそも中国がこれほど海洋進出に積極的になったのも、ロシアの脅威がなくなり、オバマ政権時にアメリカのプレゼンスが低下したからです。

トランプ政権では「航行の自由作戦」を頻繁に実施し、中国を牽制しました。この作戦は、南シナ海に艦船を派遣して、軍事的優勢を取り戻そうとするもので、イギリスやフランスも加わりました。2021年末には新政権が発足したドイツも加わり、欧米諸国の中国包囲網が強まっています。

マージナル・シーの結節点、台湾がほしい中国

中国との統一か台湾独立か

いま、「台湾有事」が現実味を増しています。なぜ中国は台湾を狙うのでしょうか？まず歴史的に見ると、いまの台湾は、中国の内戦で敗れた国民党によってつくられています。

清朝末期、辛亥革命（1911）によって中華民国ができましたが、そこで国民党と共産党のあいだで内戦となりました。蔣介石をリーダーとする国民党はアメリカ・イギリスが支援するシー・パワー派で、毛沢東をリーダーとする共産党はソ連が支援するランド・パワー派です。戦後、内戦に勝利した共産党は中華人民共和国を樹立。

No.4

敗れた国民党は台湾に中華民国の政府をおきました。

アメリカは台湾の中華民国を支持し、中華人民共和国を認めませんでした。国連の代表権も台湾のものでした。しかし、1971年からニクソン政権が中国との関係改善をはかったことから、**国連代表権は中国（中華人民共和国）に移行し、台湾は国連から締め出されてしまいました。**アメリカは1979年から台湾と断交。台湾は国際的に国家として認められない状態となります。

それからの台湾は、「中国との統一」か「台湾としての独立」のあいだで揺れ動きました。現在の総統・蔡英文（さいえいぶん）は独立路線をとっています。

シー・パワー中国に対する防波堤

台湾を地政学的に見てみると、東シナ海と南シナ海という**2つのマージナル・シーの結節点**に位置します。起伏に富んだ地形で、中央には日本一高い山となった玉山（ぎょくざん）（新高山（にいたかやま））があります。こうした地形を利用してレーダーやミサイル発射台を設置すれば、南シナ海を軍事的に手中に収めることは可能です。ですか

2つのマージナル・シーに挟まれた台湾

中国

東シナ海

台湾 → 中国の海洋進出を食い止める防波堤

日本

アメリカ

南シナ海

⇒同じシー・パワーの日米の支援が必要

ら、中国はどうしても台湾をおさえたいのです。

反対に日本やアメリカにしてみると、台湾は中国の海洋進出を食い止める「防波堤」になります。

では、台湾防衛の戦略はどう考えるのか？

台湾はイギリスや日本と同じように、シー・パワーの島国です。**こうした島国は、単独で守ることは難しく、背後から補給を行う後背地が必要です。**日本やアメリカが後背地となってサポートする必要があります。中国は核兵器を持っているので、アメリカの存在は不可欠になります。

アメリカは、台湾と断交していますが、実際には台湾へのサポート体制を強化しています。

そもそも1979年にアメリカが中国と国交

を結び、台湾と断交した背景には、鄧小平が「台湾の事実上の独立を尊重し、武力侵攻しない」と約束したことがありました。ですから、中国が「一つの中国」を主張するのはこの約束に反します。

アメリカは台湾防衛の手は打っていて、1979年に「台湾関係法」を成立させました。これは台湾を国家と同様にあつかい、台湾防衛のために武器などの援助ができるとして、台湾が独立しようとすれば助けるという内容です。

2018年3月には、トランプ政権で「台湾旅行法」が成立しました。これは政府高官の相互訪問ができるようにするものです。

すでに台湾軍と米軍は連携していて、少数ながら米軍が駐留しているといわれます。2021年10月、蔡英文は**米軍が台湾軍の訓練を支援していることをはじめて認め、中国を牽制しました。**

中国の軍事的圧力は日に日に高まっています。1つのシナリオは、2022年の北京冬季五輪終了後、ロシアのウクライナ侵攻と連動した中国の台湾侵攻とされていましたが、実際にウクライナ侵攻が起きました。ロシアに対するアメリカの弱腰の対応を見た中国が、台湾侵攻に踏み切る可能性も指摘されています。そうなると、アメリ

カは中露「二正面」を強いられ、日本の安全保障にも深刻な影響がでてきます。

ただし、ロシアがウクライナの親ロシア派地域の独立承認をしたことは、「一つの中国」を主張して台湾独立を認めない中国にとっては、じつは真逆の問題です。中国がロシアの行動を支持しないとしている点は留意すべきでしょう。

一国二制度による台湾統一

中国には「一国二制度」による台湾統一というアイデアもあります。この「一国二制度」は、香港やマカオに使ってきた戦略です。

中国は90年代に2つの地域を取り戻しました。1つはイギリスの植民地だった香港で、もう1つはポルトガルの植民地だったマカオです。

中国は、この香港とマカオに対して、「一国二制度」の原則を示しました。つまり、**香港とマカオは中国という国に属するけれど**（一国）、植民地返還から50年間は、中国大陸の社会主義制度を導入することなく、**それまでの資本主義制度や生活様式を維持させ、「高度な自治」を認める**（二制度）というものです。

この「一国二制度」は、そもそもが台湾統一を念頭に構想された制度でした。

1984年、鄧小平政権のときです。武力による台湾統一にも限界があることから、現地の制度を維持したまま徐々に統一に持ち込むという戦略を考えたのです。

「一国二制度」は、まず香港とマカオに適用されました。しかし、実際の香港の状況は、「高度な自治」が認められているとはいえず、「制限された自治」となりました。中国から政治介入があるほか、中国人民解放軍や中国公安部の部隊が駐留しました。香港市民は民主化と自治を懸命に訴えましたが（2014年の「雨傘革命」など）、政治的にも経済的にも急速に中国の支配下に組み込まれていきました。

2020年には、**香港国家安全維持法が施行され、言論や集会の自由は大幅に制限されました。**中国批判で唯一残っていたメディア「蘋果日報（アップルデイリー）」の発行停止は、その象徴です。結局のところ「一国二制度」は「一つの中国」の入口だったのです。

習近平は2019年の年頭の演説で「一国二制度」による台湾統一」に言及しました。台湾を香港と同じように「一国二制度」でじわじわと中国化する戦略です。蔡英文は「一国二制度を絶対に受け入れない」と、強く反発しています。

ユーラシア支配を狙った「一帯一路」は行き詰まり

中国が繰り出すAIIBと一帯一路

中国は2006年に外貨準備高で日本を抜いて世界一になり、2009年には輸出額でも世界一になりました。この豊富な金融資産を武器に中国が覇権をめざすうえでとった戦略が「投資」で、その具体策が**「AIIB」**と**「一帯一路」**でした。

一帯一路でハート・ランドを狙う

アジアインフラ投資銀行（AIIB）は、2015年12月に設立されました。

No.5

AIIBは、アジアの開発途上国を対象とする投資機関です。同様の機関としては、日米主導のアジア開発途上国を対象とする投資機関です。同様の機関としては、日米主導のアジア開発銀行（ADB）や、アメリカ主導の世界銀行がありますが、AIIBがこれらの機関と違うのは、**環境や人権面の問題を不問にして資金を貸し出す**ことです。途上国にとっては融資を受けやすくなるので、心強い存在です。

結局、AIIBには途上国やロシアだけでなく、ヨーロッパの多くの国が相次いで参加を決めました。G7のうちAIIBに加盟していないのは日本とアメリカだけです。

ただAIIBには、中国の利害との結びつきの強さ、という問題があります。中国に本部があって、総裁も中国人、3割を出資する中国のみが拒否権をもっています。国際機関として適正な運営ができるのかはかなり疑わしいのです。

一方、「一帯一路」（新シルクロード戦略）は、習近平政権が2013年から打ち出している戦略です。「一帯一路」は、古代シルクロードのように、**中国とヨーロッパを陸路（一帯）と海路（一路）で結び、ユーラシア大陸に巨大経済圏を構築する**というものです。具体的には、アジア諸国にインフラ事業を売り込むのですが、中国としては国内で過剰生産される鉄鋼や石炭を資材として輸出したいという思惑もあります。

「一帯一路」には地政学的な野望もすけて見えます。ユーラシア大陸中央部のハート・ランドを制するものは、ユーラシア大陸を制し、アメリカを凌駕すると考えられます。中国はこの理論を意識しているのでしょう。**ユーラシア大陸にインフラ事業を媒介とした中国中心の巨大経済圏を構築し、これを土台としてアメリカの覇権に挑みたい**。これが「一帯一路」が描く真のシナリオなのです。

実際中国は、ハート・ランドにあたる東ヨーロッパに強い関心を示していて、2012年から中国・中東欧諸国首脳会議（17＋1）を毎年開いています。ここでは、一帯一路のプロジェクトとして高速鉄道、港湾、物流センターなどのインフラ事業を売り込んでいます。中国は資金とマンパワーを投入して、東欧に進出しているのです。

重要拠点をおさえる戦略

ところで、一帯一路にも各所で軋（きし）みがでてきています。というのも、「中国がやっていることは、開発途上国の支援という名を借りた支配戦略ではないか」という疑いがでてきているからです。

「一帯一路」でユーラシア支配を狙う中国

モスクワ
イスタンブール
ウルムチ
イタリア
西安
陸路
ケニア
海路
マレーシア

ハート・ランドとシー・レーンをおさえた巨大経済圏

「借金の罠」だとして反発を強め、行き詰まりを見せる

中国がやっていることは、相手国を借金漬けにして、抵抗できなくし、港湾や鉄道など戦略的な重要拠点をおさえるというものです。

実際、スリランカでは、二〇一七年、中国の融資で建設したハンバントタ港が、中国に奪われました。**借金の返済が滞ったことから、今後99年間の港の利用権が中国に貸し出された**のです。この港は、対インド封じ込め戦略の「真珠の首飾り」（P243）とよばれるシー・レーンの拠点であり、まさに中国の思う壺となってしまったのです。

こうした事例が広まるなかで、一帯一路の**「債務のわな」**に対する警戒感が強まっ

ています。

マレーシアは、マレー半島を横断する東海岸鉄道など200億ドルのインフラ建設を中国と共同で進めていました。しかし、2018年5月の総選挙で政権を奪い返したマハティール首相は、債務の増大を理由にプロジェクトを見直し、中国に事業縮小をのませました。

パキスタンでは、中国パキスタン経済回廊（CPEC）の建設で中国と合意していましたが、膨大なコストや融資条件の厳しさを理由に、計画の見直しを迫っています。そのほか、ダム建設の融資を断り、鉄道路線改修工事でも高いコストの見直しを求めています。

また、経済が低迷するイタリアは巨額の投資が見込めるとして、2019年にG7ではじめて一帯一路の覚書に調印しましたが、2021年に首相となったドラギは「債務のわな」を警戒して、見直しを表明しました。

中国包囲網の形成

現在、中国共産党は国家体制の発展・維持のために、国内外で強硬な姿勢を見せています。それは、一帯一路の「債務のわな」をはじめ、新疆ウイグル、チベット、内蒙古などの少数民族などに対する弾圧、香港の一国二制度つぶし、そして台湾への圧力などがあります。

こうした中国に対し、**国際的な包囲網が形成されつつあります。**

たとえば、新疆ウイグル自治区での人権弾圧に対しては、2021年1月、アメリカのポンペオ国務長官（当時）が「ジェノサイド（集団殺害）」と認定。カナダやオランダ、イギリス、フランスの議会でも「ジェノサイド認定」が相次ぎました。人権問題を軽視できないアメリカやイギリスなどは、2022年の北京冬季五輪の外交的ボイコットを表明しました。

そして、バイデン政権の対中戦略として「クアッド」「オーカス」が形成されました（P75）。

このように、さまざまなレベルで諸外国が連携して中国に対するメッセージを発信しつづけることが重要になっています。

北極圏開発をめぐる争いが はじまっている

中国は資源開発に積極投資

シベリア北岸の北極圏はかつて厚い氷に閉ざされていましたが、温暖化の影響で1年を通してアクセスできるようになってきました。これまで「忘れられた地域」だった北極圏が、一転して経済活動の対象として注目されるようになってきています。

この北極圏開発では、沿岸国のロシアやアメリカ、カナダ、ノルウェー、デンマークがリードしてきましたが、ここ数年、アジアの中国が積極的に参入してきています。

北極圏の経済的魅力の1つは、**資源**です。

北極圏には、豊富な天然資源があるとされ、「世界の未発見で掘削可能な天然ガス

No.6

の30％と石油資源13％」があるといわれています。

この資源開発で存在感を増しているのが中国です。たとえば、2017年末に生産がはじまったロシア北部の液化天然ガス（LNG）工場の開発では、関連施設の7割以上が中国製で、投資額の3割は中国からのものです。2018年1月、中国ははじめて北極政策についての白書『氷上のシルクロード』を発表しました。「一帯一路」**を北極圏にまで広げ、積極的にかかわっていく方針**です。すでに2013年には上海に「中国・北欧北極研究センター」を立ち上げ、アイスランド・デンマーク・スウェーデン・ノルウェー・フィンランドと連携し、資源開発や政策立案を行ってきています。

中国がとくに注目しているのは、北極圏のなかでもグリーンランドです。グリーンランドはデンマーク領ですが、自治政府がおかれています。中国は、広大な国土に眠るレアアースやウランといった**天然資源の開発に投資するほか、空港の建設などインフラ整備などの事業でもかかわりを深めています。**グリーンランドとしては、中国からの投資を受けて経済的自立をはかることで、独立をめざしたい考えです。

しかし、中国がグリーンランドに空港などの戦略拠点を獲得すると、地政学的な火種を生む恐れがあります。アメリカはグリーンランドを安全保障上の重要な地域とし

て空軍基地をおいています。今後、この地域で両国間の緊張が高まるかもしれません。

新たな貿易ルートを開拓

北極圏のもう1つの魅力が、**北極海航路**です。

北極海航路には、ロシア沿岸を通る「北方航路」と、北アラスカやカナダ沿岸を通る「北西航路」の2つがあります。群島海域を通る北西航路の利用は少なく、ほとんどは北方航路がメインです。ですから、日本語で「北極海航路」といったとき、基本的には北方航路をさしています。

ベーリング海峡から北極海に入り、ロシア沿岸を通る北極海航路は、日本〜ヨーロッパ間で考えたとき、**スエズ運河を経由する従来のルートの3分の2に短縮**されます。それだけでなく、海賊被害などの多いスエズ運河航路を回避できることで、**安全性の向上**というメリットも生まれます。

スエズ運河には、交通の要衝（チョーク・ポイント）という弱点があります。2021年3月には大型コンテナ船が座礁したことから、船舶が大渋滞を起こしまし

地政学的意味が高まる北極圏

北極海航路

従来の航路より
距離が短縮

⇩

北極点付近を通る
ルートは監視がなく、
戦略面で有利になる

北西航路

グリーン
ランド

アラスカ
(アメリカ)

オランダ

ベーリング
海峡

北方航路

ロシア

日本

スエズ運河

従来の航路

マラッカ海峡

た。こうしたリスクのない代替ルートとして北極海航路は改めて注目されました。

ロシアは北極海航路の売り込みに積極的です。この航路を利用するには、安全面の問題から、海氷を砕く砕氷船の同行が義務づけられていますが、ロシアは砕氷船をつけて高額の手数料を手にする仕組みをつくっています。いわばロシアの海上有料道路となっているのです。運用数は増加していて、2019年は2015年の約6倍にあたる3150万トンの貨物が輸送されました。

「氷上のシルクロード」構想で北極海を戦略的なシー・レーンと考える中国は、この航路を積極的に活用しています。2017年、北極海航路を利用した外国船籍のうち約2割は中国籍の船でした。中国は石油や天然ガスの輸入をペルシア湾やア

フリカに依存していますが、この輸送はアメリカ海軍の監視のある拠点を通らなければなりません。**中国にとっては、アメリカ海軍の存在しない貿易ルートをきずきたい**のです。

長期的には、もう1つのルートが生まれる可能性があります。それが北極点の近くを通る**「極地横断航路」**です。北極の氷が溶けるようになると、毎年数か月間、極地を横断できるようになり、さらなる時間短縮、燃料費の削減につながります。このルートはロシアの管轄外になるので、中国にとってはより大きなメリットになります。

いずれにしても、**北極海航路をコントロールできるようになった国は、これからの国際的戦略を有利に進められるようになる可能性があります**。中国はそのビジョンをもっていて、北極圏への投資でエネルギー資源の多様化をはかり、独自の貿易ルートを確保したいと考えているのです。

2018年9月、中国は国産初の砕氷船を進水させました。いよいよ中国が極地での資源獲得活動を本格化させようとしています。すでに一部では「中国北極脅威論」が叫ばれています。日本は出遅れていますが、地政学的に意味を持ちはじめた北極圏にも目を向けるべきでしょう。

第5章

「地域」と「世界」の間で揺れる

ヨーロッパの地政学

EU誕生！ なぜヨーロッパは 1つになったのか？

問題山積のEU

ヨーロッパはEU（欧州連合）でまとまっていますが、最近のEUにはいいニュースがありません。ユーロ危機から中東の大量難民流入、各地で頻発するテロ、イギリスのEU離脱、南北格差など多くの問題をかかえています。

本章ではそれぞれの問題を地政学的な視点から見ていきたいと思いますが、まずはEU誕生にいたるヨーロッパ全体の地政学的な背景をおさえておきましょう。

ヨーロッパは大きな半島？

No.1

ヨーロッパは、大きな半島にあたります。どういうことかというと、ユーラシア大陸とアフリカ大陸を1つの大きな島（世界島）とすると、その西側につきでている半島がヨーロッパということです。マッキンダーはこのように発想しました。

半島は、海側は守りやすいですが、大陸と接する付け根の部分はアキレス腱になります。ここを支配されると侵攻を受けやすくなります。

ヨーロッパ半島の付け根は東欧です。バルト3国（リトアニア、ラトビア、エストニア）、ベラルーシ、ウクライナが、ヨーロッパ半島と大陸の境界になります。ここはヨーロッパにとって「バッファゾーン（緩衝地帯）」（P33）であり、ここを外敵に奪われると危機を迎えることになります。

実際、歴史上のヨーロッパの危機や混乱は、だいたいこのバッファゾーンへの侵入をゆるしたときに起きました。5世紀にはフン族が侵入し、ローマ帝国が崩壊。13世紀にはモンゴル軍が侵攻し、ウクライナからベラルーシ、ロシアにいたる地域にキプチャク・ハン国が建国され、ヨーロッパの脅威となりました。14世紀以降はオスマン帝国が南東方面から侵入し、バルカン半島からハンガリーを支配し、ウィーンにまで

ヨーロッパにEUができるまで

ヨーロッパ
＝「大きな半島」

ロシア

バッファゾーン

東欧のバッファゾーンを挟んで大国ロシアと対峙

↓

大国に対抗できる巨大な経済圏をヨーロッパに作る

いたっています。

近代以降は、モンゴル支配を脱したロシアが勢力を拡大し、ヨーロッパの脅威となります。19世紀初頭、ロシアはナポレオン軍の侵攻をはねかえし、そこからはイギリスとのグレート・ゲーム（P37）に突入します。

これ以降、ヨーロッパとロシアが東欧のバッファゾーンを介して対立する、という構図は基本的に現代まで変わっていません。

第3極の道を模索する

戦後の冷戦期は、アメリカとソ連の2つの超大国のグレート・ゲームとなりました

が、そのあいだにはさまれ、「この２つの大国に対抗する第３の経済圏をヨーロッパにつくる」という発想から生まれたのが、いまのＥＵです。

まず、１９５２年に「ＥＣＳＣ（欧州石炭鉄鋼共同体）」ができました。ＥＣＳＣのメンバーは、フランス・西ドイツ・イタリア・ベネルクス３国（オランダ・ベルギー・ルクセンブルク）の６か国です。ＥＣＳＣは、フランス外相シューマンが示した「シューマン＝プラン」がもとになっていますが、そこには独仏の融和という願いも込められています。ドイツとフランスは、普仏戦争、第１次世界大戦、第２次世界大戦と３世代にわたって戦火を交えてきたので、**戦争の火種となる資源（石炭・鉄鋼）を共同管理し「二度と戦争を起こさない」**と誓ったのです。

さらにシューマン＝プランからは、原子力の共同開発を目的とする「欧州原子力共同体（EURATOM、１９５８）」と、経済統合をめざす「欧州経済共同体（EEC、１９５８）」が組織されました。メンバーは同じ６か国です。そして、以上のＥＣＳＣ・EURATOM・EECの３つが統合してできたのが、欧州共同体（EC）です。

１９６７年に誕生しました。

１９７３年、イギリス、アイルランド、デンマークが加盟したECは、「拡大EC」

と呼ばれます。その後、1981年にギリシャ、86年にスペイン、ポルトガルの南欧諸国が加盟して、EUの原型が整いました。

ヨーロッパはこうして経済圏をつくりながら、同時にアメリカを中心とするNATO（北大西洋条約機構）という枠組みを使い、対ソ防衛網をきずきます。経済と軍事の両面でソ連に対抗していったわけです。

冷戦終結で東欧諸国を吸収

1993年、EUが発足しました。

EUがこの時期にできたのには理由があります。1989年にベルリンの壁が崩壊して、東西ドイツが統一され、ヨーロッパに強大な国が生まれたことから、**フランスなどのヨーロッパ諸国があせって、ドイツを仲間にとり入れるために欧州統合をいそいだ**、ということです。

では、EUはどのような組織かというと、「人もモノも金も自由に動く共同体」です。共通通貨ユーロを導入し、パスポートチェックなしで域内を移動できます。また、

共同の外交・安全保障政策をもっています。

ＥＵは、ＥＣの12か国でスタートし（なのでＥＵの旗には星の数が12あります）、現在は27か国にまで拡大しました（2020年1月にイギリスが離脱）。この急拡大の背景には、冷戦の終結があります。いわゆるバッファゾーンにある東欧諸国は、旧ソ連の共産圏におかれていましたが、冷戦終結で民主化され、西側の自由経済圏に入りました。ＥＵは、ロシアの弱体化につけこみ、バッファゾーンを吸収する形で東方に拡大したのです。しかし、またこれをロシアが押し戻そうとしている、というのが現在の状況です。

海洋国家イギリスの強さの秘密

シー・パワーの教科書

バランス・オブ・パワーの伝統

イギリスは、ヨーロッパ半島の西に浮かぶ島国で、シー・パワーの代表格です。すでにご紹介したように、イギリスのヨーロッパ大陸に対する戦略は、「バランス・オブ・パワー（勢力均衡）」でした（P30）。**ヨーロッパ大陸内でそれぞれの国の力が拮抗するようにしておいて、強国があらわれたときだけ叩く、という戦略**です。

基本的にこの戦略によって、イギリスは大陸からの侵略を防いできました。唯一、侵略をゆるしたのは、北方からフランス経由でやってきたノルマン人です。

11世紀、イギリスはノルマン人のウィリアム1世によって征服されました（ノルマ

No.2

ン征服、1066年）。

ちなみに、このときの征服者であるノルマン人と被征服民族のアングロ・サクソン人の対立が、イギリス近代議会政治の母体となっているといわれています。

ソ連との同盟は失敗？

イギリスは海に囲まれていて、比較的少ない兵力で守りを固められるので、その余力を植民地の獲得に注ぐことができました。そして、植民地で大量の原材料を獲得することによって、産業革命を成功させました。18〜19世紀にかけてイギリスは世界帝国をきずきます。

「世界島（ユーラシア＋アフリカ）」のリム・ランドとマージナル・シーをおさえたイギリスですが、これに対抗したのが、ハート・ランドをもつロシアです。「グレート・ゲーム」となります（P37）。

イギリスは、ハート・ランドをもつロシアを倒すことはできないと冷静に分析し、封じ込め戦略でその拡大を防ぎました。

第2次世界大戦では、ドイツが東欧からソ連に侵攻する動きを見せたので、マッキンダーのテーゼ（「東欧を制するものはハート・ランドを制する。ハート・ランドを制するものは世界を制する」）にしたがい、ソ連と同盟を結んでドイツを抑え込みました（P37）。

しかし、この戦略は見方によっては失敗だったとする分析もあります。**バランス・オブ・パワーの原則にしたがえば、ソ連とドイツは戦わせて消耗させておき、勝ったほうを叩く、という戦略でよかった**ということです。

イギリスにとってなぜこれが失敗だったかというと、第2次世界大戦の拡大を招き、日本を敵にまわしたからです。日本によってアジアの植民地はことごとく解放させられてしまい、さらにはアフリカ諸国の独立に発展し、ついにはすべての植民地を失ってしまいました。

「EU」か「栄光ある孤立」か？

戦後のイギリスは、ヨーロッパ大陸とのつきあい方で模索がつづいています。

基本的にはバランス・オブ・パワーで、沖合（オフショア）から距離をとって観察するというスタンスです。ヨーロッパ大陸に関与しない「栄光ある孤立」という路線です。

しかし、ヨーロッパ内でぶつかり合う時代は終わり、ヨーロッパは1つにまとまろうとしていました。外から観察しているだけ、というわけにもいかなくなりました。

ECができたとき、イギリスは仲間に入れてもらおうとしましたが、反米反英を掲げるフランスのド＝ゴール大統領の反対で加盟できませんでした。イギリスは、ECに対抗して「ヨーロッパ自由貿易連合（EFTA）」を1960年につくりましたが、ECに押されてうまくいきません。結局、ド＝ゴールの影響力が弱まった1973年、EFTAを脱退し、ECに入れてもらいました。

ただ、国内にはこのときすでに、「ヨーロッパ大陸諸国とは別の選択をするべきだ」という**加盟反対論**がありました。1975年、労働党のウィルソン政権はEC加盟をめぐって国民投票を行いましたが、結果は「加盟継続」となりました。

イギリスはEUにも加盟します。しかし、あいかわらず国内には反対派がいて、「所得再分配で弱者保護を重視するドイツ・フランスにあわせたら、経済が停滞する」

戦後のイギリスとEU

移民問題

経済促進

労働者問題

ヨーロッパは
ひとつ

栄光ある
孤立？

EU
残留？

↓

2020年1月末　初の「EU離脱国」となる

と批判がありました。共通通貨ユーロについては、自国の貨幣ポンドが強いので、イギリスは参加していません。

EU拡大で好循環を見せていたときはよかったのですが、**ユーロ危機や移民の流入など、さまざまな問題が噴出してきました。**ユーロ危機は、2009年にギリシャの財政赤字が発覚したことをきっかけに起きた金融危機です。ギリシャのような財政赤字がポルトガルやイタリア、スペインなど（PIIGS諸国）にあることも判明し、どこかの国がデフォルト（債務不履行）となれば、その国債を買い支える各国の巨大銀行がたてつづけに倒産する危機となりました。EUは、厳しい

「緊縮財政」を条件にギリシャを支援しました。しかしこれには、イギリスをはじめとしたEU諸国で、「自国の税金を他国のために使うな」と不満が高まりました。

また、2004年以降にEUに加盟した東欧諸国（ポーランドやルーマニアなど）からやってきた大量の移民も大きな問題になりました。移民によって低賃金の職を奪われ、移民に対する福祉給付が財政を圧迫したのです。これでイギリス人の潜在的な「反EU」の感情に火がつきました。

それが、2016年6月23日のEU離脱を問う国民投票につながります。結果、EU離脱賛成派52％・反対派48％で、離脱派が勝利。国民投票には「法的拘束力」はありませんが、新首相に就いたテリーザ・メイは、2017年3月29日、EUに離脱を正式に通告しました。メイ首相はEUとの交渉をへてEU離脱（ブレグジット）協定をまとめましたが、イギリス議会はこれを3度否決。しかし、新首相となったEU離脱強硬派のボリス・ジョンソンは離脱協定案を議会に承認させ、**2020年1月末、**

正式にEU離脱を果たしました。

EU離脱後のイギリス
独立問題再燃と新国際戦略

4つの地域で構成されるイギリス

EU離脱後のイギリスの国内外の地政学的な問題や展開を見てみましょう。

まず、イギリスの基本情報です。

イギリスの正式名称は、「グレートブリテン及び北アイルランド連合王国」といいます。イギリス人が住む島を、「グレートブリテン島」というので、この名称がついています。グレートブリテン島には「イングランド人（アングロ・サクソン人）のイングランド」「ウェールズ人のウェールズ」「スコットランド人のスコットランド」という3つの地域があります。これに「アイルランド人のアイルランド島北部」を加え

No.3

た合計4つの地域で現在のイギリスは構成されています。それぞれの地域は、権限の幅は異なりますが、独自の議会をもっています。

この4つの地域のうちいま問題となっているのが、スコットランドと北アイルランドです。

スコットランド独立が現実味？

スコットランドは、クロムウェルの征服戦争のすえ、1707年にイギリスに併合されました。

併合から300年以上がたちましたが、いまスコットランドでは独立の機運が高まっています。理由には、1970年代に採掘がはじまった北海油田の利益がほとんど地元スコットランドに還元されていないことや、イングランドとの間に経済格差が広がっていることなどがあげられます。

このように、国家に吸収される前の地域で独立しようという動きは、「リージョナリズム（地域主義）」といい、スペインのバルセロナなど、ヨーロッパ各地で見られ

る動きです。

2014年9月、スコットランドで実施された独立を問う住民投票では、僅差で独立は否決されました。しかし、独立機運は高まっています。

スコットランドがもしも独立したら、EU加盟をめざします。EUに新規加盟するには、加盟国の1カ国でも反対したらできませんが、反対する可能性のあったイギリスはEUを離脱しました。**スコットランドが独立、そしてEU加盟にいたる道筋が見えたことで、独立支持者が増えています。**

2021年5月のスコットランド議会選挙は独立派が過半数を占めました。住民投票の実施にむけた動きが加速しています。

南北アイルランド統一の動き

アイルランドは、1649年にクロムウェルが征服しました。アイルランドにはカトリック教徒が多かったのですが、これ以降イギリスからプロテスタントの入植者が増え、両者の間に対立が生じました。カトリック教徒はアイルランドの独立を求める

イギリスの EU 離脱に伴う地域問題

リージョナリズム

現在の国家に吸収される前の「地域」で独立をはかる動き

✖ スコットランド	▮ アイルランド
イギリスへの不満と 親 EU の立場	北アイルランドと グレートブリテン島の 物流が停滞
➡ EU 加盟をめざして 独立の動きが加速	➡ 通関の見直しが必要

運動を起こし、その結果、1922年にアイルランド自由国が発足しました。しかしこのとき、プロテスタントが多かった北アイルランドは分離してイギリスにとどまりました。

その後、北アイルランドのなかでも少数派のカトリック教徒はアイルランドへの併合を求めて武装闘争を起こしました。それが「アイルランド共和国軍（IRA）」です。70〜80年代には、激しいテロ活動が展開されました。ようやく和平合意が成立したのは、1998年のことです。

さて、イギリスのEU離脱交渉では、イギリスとアイルランドの国境が問題となりました。これまでともにEUの単一市場と関税同盟に入っていた北アイルランドとアイルランドの国境は、紛争の再発を防ぐため「開かれた国境」を重

視してきました。もしもこの国境に検問所や通関など物理的な分断を示すものができると、ふたたび情勢が不安定になる恐れがあります。かといって、北アイルランドだけをEUの関税同盟内に残すと、北アイルランドのイギリスからの離脱と、「南北アイルランド統一」をうながす危険があります。

ジョンソン首相が出した結論は、「イギリスはEUの関税同盟から完全離脱するが、北アイルランドだけは残留させ、開かれた国境を維持する」というものでした。これが離脱協定のときに結ばれた「北アイルランド議定書」の柱です。

これにより、通関手続きはアイルランドと北アイルランドのあいだではなく、北アイルランドとグレートブリテン島のあいだで行うことになりました。しかし実際にやってみると、**煩雑な手続きが障害となり、グレートブリテン島から北アイルランドへの物流が停滞する問題が起きています。** 北アイルランドでは、イギリスとの一体性を重視する住民たちの不満も高まっています。早くも議定書の見直しが迫られています。

グローバル・ブリテン構想

さいごに、イギリスの国際戦略も見ておきます。

ＥＵ離脱後のイギリスが掲げているのが、「グローバル・ブリテン」構想です。こ**れはＥＵのルールにしばられることなく、世界の舞台で積極的に活躍するというもの**で、大英帝国時代のイギリスの輝きを取り戻す試みといっていいでしょう。

その象徴が、スエズ運河以東の中東やインド洋の防衛への関与を表明したことです。イギリスは1968年以降、スエズ以東から軍を撤退させ、ＮＡＴＯの枠組みのなかでヨーロッパ防衛に専念してきましたが、これを改めるとしたのです。

当然、ユーラシア大陸のランド・パワーである中国・ロシアを警戒します。20世紀初頭、イギリスは、ロシアの極東への進出を防ぐため、同じシー・パワーの日本をパートナーに選び、日英同盟を結びました。これと同じことがいま、起きています。

2017年の日英安全保障共同宣言以降、**「第2次日英同盟」の可能性が高まっています**。イギリスは日本主導の枠組みを重視し、安全保障面では中国包囲網の「クアッド」（日米豪印戦略対話）、経済面ではＴＰＰ（環太平洋パートナーシップ協定）への加入に前向きな姿勢を見せています。

ランド・パワーのドイツの戦略
EU一強の弱みは中露依存

No.4

ドイツの一人勝ち

EUのなかで起きている問題の一つが**「南北問題」**です。これは北部の黒字国と南部の赤字国というEU内に生じている格差問題です。この南北問題は「ドイツの一人勝ち」ともいえます。ドイツが断トツの黒字だからです。

しかしそのドイツにも弱みがあります。地政学的に見てみましょう。

大国にはさまれたランド・パワー

現在のドイツですが、ここには昔からドイツという国があったわけではありません。中世には、「神聖ローマ帝国」という国がありました。これは滅亡した古代ローマ帝国（西ローマ帝国）の皇帝の冠をうけついでいた国家で、実際には３００を超える小さな国の集まりでした。そのなかから台頭したのがプロイセンです。プロイセンは、フランスとの戦争（普仏戦争、１８７０〜１８７１）に勝ったことをきっかけにドイツを統一しました。

この統一を主導した宰相ビスマルクは、「フランスだけを相手にし、イギリス・ロシアとは手を組む」という戦略を立てました。ドイツは、ランド・パワーの大国ロシアとフランスにはさまれているうえ、大西洋に出ようとすると、そこにはシー・パワーの大国イギリスが待ち構えています。これら３国を相手にすることは不可能と考えました。

ところが、皇帝ヴィルヘルム２世はこれに反対して、**「ドイツは欧米列強の１つになる」というビジョンを立てました。**あくまでも、大国とはりあう道を選んだのです。

ランド・パワーのドイツは、鉄道網を建設して中東方面に侵出し、植民地をつくる戦略を進めました。ベルリン・ビザンチウム（イスタンブール）・バグダッドを鉄道で

結びペルシア湾の出口をめざす **「3B政策」** です。これに対し、シー・パワーのイギリスは、ケープタウン・カイロ・カルカッタをシー・レーンで結ぶ **「3C政策」** で対抗しました。

世界史でおなじみの3B政策と3C政策は、「ランド・パワーとシー・パワーの対立」という視点から見ることが大切です。

さて、ドイツはイギリス・ロシア・フランスを同時に敵にまわした結果、第1次世界大戦で敗北します。未完に終わった鉄道は、1940年にバグダッド鉄道として開通しています。

第1次世界大戦の失敗をふまえた戦略を考えたのがヒトラーです。ヒトラーは、シー・パワーの大国イギリスとの戦いを避け、ソ連を倒すという戦略を立てました。

ナチス・ドイツのなかには、ソ連とランド・パワー同盟をきずいて、イギリスのシー・パワーに対抗するという考えもありました。 それが独ソ不可侵条約です。しかし、ヒトラーは条約を破棄して独ソ戦を強行。すると、イギリスはソ連と軍事同盟を結んで対抗し、ドイツは敗れます。これが第2次世界大戦です。

戦後のドイツは、米英のシー・パワーとソ連のランド・パワーによって東西に分割

されます。冷戦時代のドイツは東西の陣営のバッファゾーンになっていたのです。

西ドイツはシー・パワー同盟のNATOに加盟するほか、フランスと和解してEC

からEUへという欧州統合の枠組みのなかで再生を図ります。そして、冷戦の終結で

東ドイツを吸収します（東西ドイツ統一）。この統一ドイツの誕生が、ＥＵ結成の1

つのきっかけとなりました（P152）。

ロシア依存の功罪

EUのなかでドイツ経済は一強を誇りました。

その要因の1つには、**プロテスタントの国であるため、金儲けと蓄財が推奨され、**

真面目に働く人が多いことがあります。蓄財（＝資本）が次の事業を起こし、経済は

より活性化します。

また、ドイツは資源に乏しいですが、モノづくりが得意で、機能性とデザイン性に

優れた良質な商品をつくります。その販売先はEUの国々です。EU内は関税ゼロの

ため、輸出がしやすいのです。

ユーラシア二大勢力にはさまれたドイツ

●第２次世界大戦時のドイツ

同盟

ソ連

イギリス

ランド・パワー同盟破棄の結果、双方を敵に回し敗北

エネルギーを通じてロシアとランド・パワー同盟を結ぶ？

実力よりも相対的にユーロ安になることも好材料です。通常、黒字の国の通貨は評価が高くなりますが、共通通貨ユーロはほかの赤字の国と共有されるので、本来の実力よりも「ユーロ安」になります。**ユーロ安を武器に輸出が好調となりました。**

もう１つ、ロシアからパイプラインで供給される安い天然ガスも経済発展を後押ししました。独露のエネルギーを介した相互依存関係は、ランド・パワー同盟の復活と見ることもできます。

ところが、この間の強いドイツを牽引したメルケル首相の戦略にもほころびがあらわれました。

その1つのきっかけは2015年、メルケルが100万人の移民受け入れを打ち出したことです。これには国民が反発し、総選挙や各地の州議会選挙で反移民・反EUをうたう政党が台頭しました。

ドイツ経済も失速。原因は、メルケルが進めた中独連携です。メルケルは好景気の中国との結びつきを強め、ドイツ経済を押し上げました。しかし、**米中貿易戦争以降の中国経済の失速にひきずられ、ドイツ経済も低迷した**のです。

一方、メルケルの脱原発＆脱炭素路線は、電力不足・価格高騰を招き、製造業の経営を圧迫しています。結果、**エネルギーのロシア依存が高まりました。** 過度な依存は、ウクライナ危機などで反露の立場がとれないジレンマとなっています。

2021年12月、メルケルは退陣し、ショルツ新政権が発足しました。新政権は反中に転じ、南シナ海で航行の自由作戦を行いました。ドイツが中国包囲網に加わったことは大きな変化です。

シー・パワーを諦めたフランス テロ頻発の現在地

No.5

移民がテロリストになっていた

フランスではテロがたえません。2015年1月の仏新聞社銃撃テロ、同年11月のパリ同時多発テロ、2016年7月のニース・トラックテロをはじめ、2020年までに大小のテロが各地で頻発しています。

一連のテロを見ると、「移民問題」という共通したテーマがうかびあがってきます。いずれもイスラム過激派によるテロではありますが、**実態はフランスで生まれ育った移民の若者が起こしたテロ**です。このように国内で生まれ育った者が国外の過激派思想に影響されて起こすテロを「ホームグロウンテロ」といいます。昨日までふつうに

生活していた若者が突然、テロを起こす。まさに、だれがテロリストかわからない恐ろしい状況です。

ここでは、フランスの地政学的なベースをおさえながら、大規模テロに動揺する現在のフランスの状況を見ていきます。

シー・パワー大国には勝てなかった

フランスは、シー・パワーとランド・パワーという2つの側面を持ちます。

大西洋と地中海という2つの海に面していることから、シー・パワーの側面を持つと同時に、広大で豊かな国土を持つランド・パワーの側面を持ちます。シー・パワーではたった32キロメートルしかないドーバー海峡を介して対面するイギリスと争い、ランド・パワーではアルザスやロレーヌの国境地域をめぐってドイツと争ってきました。

17世紀末～19世紀初頭にかけては、**イギリスと植民地戦争を繰り広げました。**ヨーロッパ大陸での戦争と連動して、アメリカ大陸やインドにおいてたびたび激突しま

た。しかし、最終的にはフランスが負けます。その要因としては、フランスは大陸での本土防衛に兵力をさかれ、海外派兵のゆとりがなかったことと、イギリスに比べてはるかに豊かな農業国であったため、海外移住のモチベーションが低かったことが考えられます。

勝ったイギリスは、広大な植民地を形成し、18世紀の産業革命を経て（P155）、大英帝国への道を歩みます。一方、フランスは植民地戦争で疲弊し、さらにアメリカ独立戦争に加担したことで財政難に陥りました。国王ルイ16世は増税を強行しますが、これが反発を受け、フランス革命の引き金となります。ちなみに、フランス革命はイギリスがフランスの内部分裂を引き起こすためにしかけた謀略という見方もあります。

革命後の混迷のなかから**ナポレオン**が登場しました。ナポレオンは大陸では連戦連勝でしたが、最大の敵であるイギリス征服をねらったトラファルガー海戦では敗れました。結局、ナポレオン戦争は、大きく見れば英仏の争いでした。ロシア遠征は、イギリス弱体化をねらった大陸封鎖令を破ったロシアに対する制裁であり、この失敗でナポレオン帝国は崩壊に向かいます。ナポレオンは、最終的にはワーテルローの戦い

でイギリス軍に敗れるわけです。

ナポレオンでさえもイギリスに負けた。フランスはこのとき、シー・パワーのイギリスにかなわないと悟るわけです。フランスはこれ以降、イギリスとは争っていません。**ランド・パワーとして大陸でドイツと覇権を争うことになります。**

第1次世界大戦、第2次世界大戦では、シー・パワー大国のイギリス・アメリカと組んで、ドイツを叩きます。戦後は、ドイツと融和し、欧州統合を主導していきます。

欧州最大の移民大国になる

第2次世界大戦後、経済成長期に不足する労働力をおぎなうため、旧植民地のアルジェリアをはじめとする**北アフリカなどから大量の移民を受け入れました。**

ところが、オイルショック後の経済不況で移民が必要なくなると、1974年、働くことを目的とする移民受け入れは停止しました。ただ、定住化した移民の家族の呼び寄せは認めたことと、二世・三世の誕生により、移民の数は500万人にまでふくれあがりました。これはヨーロッパ諸国でも最大規模です。

大規模テロが続くフランスの内情

ナポレオンの敗北を機に ランド・パワーの国へ

ナポレオン

戦後の問題　人口減少で受け入れた移民問題

移民

旧フランス領 アルジェリア

「自由・平等・博愛」のもとに 寛容に受け入れていたが…

↓

人種や宗教を理由にした差別

↓

ホームグロウンテロの誕生

フランスは、移民に寛容な国です。フランス共和国の理念である「自由・平等・博愛」の精神を共有する者ならば、国家の一員として受け入れる考えです。しかし、表向きは「平等」をうたいながら、学校・職場でのイジメや就職差別など、社会のなかには人種や宗教を理由とした「差別」が厳然と存在しています。

差別を受け自分の居場所を見つけられない移民の若者が、テロ組織の勧誘動画を見て、そこに自分の居場所を感じたらどうなるでしょうか？　ここにホームグロウンテロが起こる背景があります。

右傾化のなかの大統領選

　2022年4月、フランスでは大統領選があります。**現職のエマニュエル・マクロンはグローバリストで、自由貿易と規制緩和でフランス経済を復調させました。**しかし、温暖化対策のための燃料税増税や年金制度改革など、国民に負担をおしつける政策はたびたび反発を招きました。

　マクロンのライバルは、右派の共和党の候補者で、フランス初の女性大統領をめざすバレリー・ペクレスです。そのほか極右の候補者にルペンやゼムールがいます。フランスでは反グローバリズム・反移民の右傾化が進んでいて、マクロンとペクレスの決戦投票となれば、右派の票がペクレスに集まり、勝利するという見方が強まっています。

世界覇権をにぎったシー・パワー イタリア・スペインの地政学

No.6

中国がしのびよるイタリア

地中海に面する南欧のイタリアとスペインは、カトリックの半島国家です。かつては世界覇権をにぎっていたシー・パワーという共通点がありますが、現在は国際的地位が低下しています。

この南欧2か国の状況を見てみましょう。まずは、イタリアです。

イタリアは、ヨーロッパ大陸のアルプス山脈から南側にのびたイタリア半島にあります。

「半島国家」ですが、北側の付け根がアルプス山脈でさえぎられているため、実質的

に「島国」といえます。温暖な気候で農産物にも恵まれています。**守りに適した土地で、大国の侵攻にさらされることはありません**でした。

古代、半島を統一した都市国家ローマは、さらに北アフリカのシー・パワー・カルタゴをたおし、ヨーロッパ大陸から地中海にかけた大帝国をきずきました。これがローマ帝国です。ヨーロッパが統一されたのは、後にも先にもこのときだけです。

ランド・パワーのゲルマン民族の大移動をきっかけにローマ帝国は東西に分裂し、東ローマ帝国は存続しましたが、西ローマ帝国は崩壊しました。

イタリアは小国に分立し、ヴェネツィア共和国やジェノヴァ共和国などのシー・パワーが地中海の覇権を争いました。**大航海時代以降は、ヨーロッパ経済の中心が、イタリア半島から大西洋岸（リスボンやアントワープ）に移行したことから、イタリアの地位は低下します。**

19世紀後半、イタリアは統一され、ローマ教皇領も編入しました。

戦後のイタリアは、ヨーロッパの主要国の1つとなります。近年は、アフリカから押し寄せる大量の難民が問題となり、またユーロ危機以降の経済の低迷がつづき、国民の4分の1が貧困層となっています。こうした背景から、反EU・反難民をうたう

イタリアの地政学と現在の課題

アフリカからの難民流入

↓

反EU・反難民の政権誕生

経済回復のため
中国の「一帯一路」参画

コンテ首相

↓

親中路線を転換する
新政権の誕生

ドラギ首相

ポピュリズム政党が躍進しました。

2018年、新しい政治勢力「五つ星運動」と極右政党「同盟」がポピュリズム連立政権を樹立し、ジュゼッペ・コンテが首相となりました。

翌年、コンテ首相は、経済の低迷を打破するため、巨額の投資が見込める中国の「一帯一路」に参画する覚書を締結しました。**一帯一路の覚書を交わすのは、G7ではイタリアがはじめて**でした。これにより中国が、ジェノバやトリエステの港湾事業にかかわることになりました。しかし、「債務のわな」のリスクはすでに知られていました。

2021年、新型コロナウイルス感染症が拡大する非常事態のなか、主要政党のほぼすべてが参加する新政権が発足。マリオ・ドラギ前欧州中央銀行（ECB）総裁が首相に就任しました。ドラギは、ユー

ロ危機の際にユーロ防衛に成功した手腕があり、国民の広い支持を集めました。

ドラギ首相は、前政権の親中路線から転換をはかり、**中国を「専制国家」と批判。**

一帯一路については参加を見直す姿勢を見せています。

スペインを悩ますカタルーニャ独立問題

スペインは、ヨーロッパ大陸南西部のイベリア半島にある「半島国家」です。

北側の付け根はピレネー山脈でさえぎられていますが、イタリアのアルプス山脈ほどの高さはありません。一方、南側は狭いジブラルタル海峡をはさんで、すぐに北アフリカ大陸があるため、**イスラム勢力の玄関口となりました。** 温暖で豊かな「穀物生産基地」であることは異民族には魅力です。

古代、北アフリカのカルタゴが侵入し、その後はローマ帝国の支配下におかれました。ローマ帝国崩壊後は、イスラム勢力が8〜15世紀まで居座りました。キリスト教徒の国土回復運動（レコンキスタ）によってイスラム勢力を一掃すると、その勢いのまま、「新大陸」に進出しました。そして、世界中に植民地を建設し、「太陽の沈まぬ

スペインの地政学と現在の課題

スペイン

世界各地に植民地を築き発展

グローバリズム経済の重視

スペインの植民地

一方で、「カタルーニャ地方独立」という懸念もある

国」と称されるスペイン帝国をきずきます。

1588年、スペインの無敵艦隊は同じシー・パワーのイギリス海軍に大敗（アルマダの海戦）。これをきっかけにイギリス・オランダに世界覇権を奪われます。19世紀には、**南米の植民地が次々に独立し、スペインの国際的地位は低下しました。**

1936年のスペイン内戦をきっかけに成立したフランコ独裁政権は、75年までつづきました。EUへの加盟はその後になります。

さて、イタリアとスペインは似ているようで、その性格はかなり違います。

イタリアは後進資本主義国でほとんど植民地をもたず、ローカル経済を土台に発展してきました。一方のスペインは、世界中に植民地を建した。

設して大帝国をきずくことで経済を発展させてきました。スペイン経済は、いまも対外的発展が土台となっています。したがって、**スペインはローカル経済よりもグローバリズム経済を重視します**。グローバリズムを推進するEUの枠組みを大事にします。

そんなグローバリズムのスペインがかかえている問題が、**リージョナリズム（地域主義）** の動きです。イギリスのスコットランドのように、スペインではカタルーニャ独立運動の動きが起きています。

バルセロナを中心とするカタルーニャは、経済的に豊かで、スペインのGDPの2割を占めています。多額の税負担のわりに、見返りが少ないとして、カタルーニャ人の不満は高まっています。カタルーニャは、フランコ独裁政権時代にカタルーニャ語の使用が禁止される など、抑圧されてきた歴史があります。そのため中央集権化を進める政府への反発が強く、自治権を大事にします。

2017年のカタルーニャ州議会選挙では独立賛成派が過半数を確保しました。そして2020年より、スペイン政府とカタルーニャ政府による独立問題の解決にむけた対話がはじまっています。

第6章

紛争と大国の思惑が渦巻く

中近東の地政学

100年前の人工的国境画定で書き換えられた中東

地政学的リスクの高い中東

中東はつねに多くの地政学的リスクをかかえた地域です。イラク戦争からアラブの春、シリア内戦、ISの台頭、イランの核開発疑惑、最近ではイスラエルとイスラム組織ハマスの交戦など、次から次へと国際的問題が勃発します。しかも**中東諸国だけでなく欧米の大国の利害が複雑にからまっているので、非常に混沌とした様相になります。**

まずは、いまの中東の地図がどのように生まれたのか、その歴史的背景から見ていきましょう。

No.1

サイクス・ピコ協定でアラブがバラバラに

かつての中東は安定していました。オスマン帝国がしっかり統治していて、宗派対立も民族対立もほとんど起きませんでした。

ところが20世紀初頭、中東方面への進出をうかがうロシアとドイツがぶつかります。ドイツの台頭を嫌うイギリスとフランスはロシアと手を組み、オスマン帝国はロシアの南下政策を防ぐためドイツと手を組みました。こうして第1次世界大戦が勃発しました。

大戦はオスマン帝国が不利となります。すると1916年、ロシア・イギリス・フランスは、戦後のオスマン帝国領をどうするか、あらかじめ決めておこうということで、**サイクス・ピコ協定**を結びました。

その内容は、**地図上にただ定規で線を引いたようなしろもので、民族や宗教の分布をまったく無視したもの**でした。それがほとんどそのまま実行されたので、いまのシリア・イラク・ヨルダンあたりの国境線は、ほとんど直線になっています。

フランス領は、シリアやレバノンです。シリアには、内陸部にはスンナ派、地中

海沿岸部にはシーア派（アラウィ派）やキリスト教徒がいました。イギリス領はイラクです。シリア国境に近い西部にはスンナ派、ペルシア湾に面した南部にはシーア派、北部にはスンナ派のクルド人がいました。ロシア領は、トルコのイスタンブールとアナトリア、ダーダネルス・ボスポラス海峡のあたりということになりました。

サイクス・ピコ協定は密約です。アラブ人には知らされていません。ところが1917年、ロシア革命が起き、レーニンは、それまで帝政ロシアが結んだ条約を一切継承しないとしました。このとき、サイクス・ピコ協定の存在が暴露されてしまいます。

アラブ人は、イギリスに説得されてオスマン帝国との戦いにかり出されました。いわゆる「アラブの反乱」といわれるもので、映画『アラビアのロレンス』にも描かれています。イギリスは、反乱の見返りとして、戦後の独立を約束していました（フサイン＝マクマホン協定）。ところがイギリスは、その約束に反する取り決めをしていたことがバレたのです。これにはアラブ人は怒りましたが、結局、ロシアの取り分をのぞくと、サイクス・ピコ協定の通りに分割されてしまいました。

こうして、いまのイラクやヨルダン、レバノン、シリアという国が人工的につくら

中東　混乱の歴史の原因

第1次世界大戦後 オスマン帝国の分割（サイクス・ピコ協定）

トルコ共和国

ロシア勢力圏

フランス勢力圏

国際管理地域（エルサレム）

イギリス勢力圏

※破線は現在の国境

宗派や人種の分布は考慮されず、統一意識の低い人工的な国家が誕生

れました。はじめは英仏の植民地としてスタートし、やがて独立しますが、実際は英仏の影響の強い傀儡国家となっていました。ですから、この時代の中東は英仏の力が大きかったわけです。

独裁政権を支えたソ連が崩壊

第2次世界大戦後は、中東支配の構図が変わります。そのきっかけは、1956年の**スエズ戦争**でした。これはエジプトのナセルが、英仏が管理していたスエズ運河を取り戻すために争った戦争です。アメリカとソ連がエジプトを支援したことで、英仏は追い出されました。

これでナセルは英雄となり、アラブを再び統一しようという「アラブ民族主義」の象徴となりました。サイクス・ピコ協定以前のアラブに戻そうという動きが台頭しました。

ナセルの意志をつぐようにして生まれたのが、**各国の独裁的な指導者**です。シリアのアサド（父）やリビアのカダフィ、チュニジアのベン・アリ、イラクのサダム・フセインなどです。**これらの指導者はいずれも、英仏の支配から脱し、かわりにソ連の支援を受けました。**

中東には、石油利権を狙ったアメリカも進出しています。ですから、冷戦時代の中東は、ソ連とアメリカの争いの場となりました。

そしてソ連が崩壊すると、アメリカは親ソ政権をつぶしにかかりました。その端緒が湾岸戦争とイラク戦争で、イラクのフセインが倒れました。以降、「アラブの春」によって、ベン・アリやカダフィが倒れ、シリアのアサド（息子）が追いつめられていくということになります。アラブの春も、アメリカ・イギリスが裏であおったものといわれます。

独裁政権が倒れて、民主的な政権が生まれるかというと、そうではありません。オ

スマン帝国崩壊以降、**欧米の手のひらの上で動かされてきた中東諸国は、自分たちで統治する力がなかった**のです。ましてや、サイクス・ピコ協定で人工的につくられた国ですから、「自分はイラク人」などという意識が薄く、自分の国を立て直すという意欲がありません。ですから、**ただ宗派対立や部族紛争が噴出するだけで、混乱が深まりました。**

こうした混乱のなかから生まれたのがIS（イスラム国）でした。ISがめざしていたのは、サイクス・ピコ協定の国境線を無視したシリアからイラクにまたがる地域の支配であり、かつてのイスラム帝国の復活を目論んでいたのです。

中東の空白地帯に生まれたISとはなんだったのか？

新国家を勝手に樹立

近年の中東の混乱の中心にいたのがISです。では、そもそもこのISとはどのような組織だったのかを見ておきましょう。

ISは「スンナ派」の過激派武装組織です。

イスラム教には「シーア派」と「スンナ派」があります。基本的にシーア派とスンナ派は争いますが、シーア派同士、スンナ派同士は争いません。

イスラム教では、預言者ムハンマドのあとの4代の後継者（カリフ）が選挙で選ばれました。その4代目がムハンマドの従兄弟アリーです。4代のカリフでは唯一、ム

No.2

ハンマドと血のつながりがあり、しかもムハンマドの娘婿でした。ところが、このアリーはウマイヤ家に暗殺され、ウマイヤ朝が建てられました。

この経緯から、「正式なカリフはアリーであり、アリーの子孫が正統である」と考えるのがシーア派です。一方、「選挙で選ばれた最初の4代こそが正統なカリフ」と考えるのがスンナ派です。

イスラム教徒全体では、9割がスンナ派、1割がシーア派です。スンナ派が多数派です。

ＩＳは、スンナ派です。**スンナ派は、血統は関係ありません。** カリフと名乗り出て、みんなに認められればカリフになれるわけです。そこに目をつけたＩＳの指導者が、アブー・バクル・アル＝バグダディでした。彼は、ＩＳの樹立を宣言したとき、**自らをカリフであると名乗りでた**のです。

シリア内戦は宗派争いだった

ＩＳが生まれた直接的な発端は「シリア内戦」にありますが、シリア内戦を引き起

こしたものは、二〇一〇年にはじまる**「アラブの春」**でした。

アラブの春は、中東の民主化運動で、チュニジアのベンアリ政権、エジプトのムバラク政権、リビアのカダフィ政権と、各国の独裁政権がドミノ式に倒れていきました。この民主化運動の流れがシリアに及びました。シリアでは、**アサド独裁に反対する勢力が蜂起し、内戦に突入した**のです。

内戦の実態は、シーア派とスンナ派の争いでした。アサド政権は国内では少数派（約13％）のシーア派で、シリア国民のほとんどはスンナ派です。シリアでは、少数派のシーア派が富を独占し、多数派のスンナ派は貧困に苦しんできました。その不満が、アラブの春をきっかけに噴出。**シーア派の政府軍と、スンナ派の反政府勢力**という構図になったのです。ですから、スンナ派のサウジアラビアやカタールは反政府勢力を支援しました。

一方、隣の国のイラクは、スンナ派が2割、シーア派が6割、クルド人が約2割という構成です。イラク戦争でスンナ派のフセイン政権が倒れてから国情は安定せず、シリアとイラクにまたがる地域に権力の空白地帯が生まれました。これを埋めたのが、スンナ派のISだったのです。

武装組織ISとは何か？

IS (Islamic State)

・イスラム教スンナ派の
　過激派武装組織
・シリア国内の内戦を
　機に誕生

ＩＳの活動範囲

※2017年2月時点

シリア国内におけるイスラム教の宗派争いが背景にある

スンナ派

・後継者選びは選挙
・多数派（約9割）
・貧困層、反政府

シーア派

・後継者選びは血統重視
・少数派（約1割）
・富裕層、政府軍

中東の新グレート・ゲームが展開

シリア内戦は2011年3月に勃発しました。

シーア派のアサド政府軍に抵抗したのが、スンナ派のシリア反政府武装組織とISです。ただ、ISの目的はアサド政権の打倒というよりは、あくまでもイスラム帝国の樹立にありました。ここに欧米諸国や周辺国がからんできました。

冷戦時代は、アメリカとソ連の「グレート・ゲーム」でしたが、中東では次の覇権をめぐる「新グレート・ゲーム」がはじまったのです。

アサド政権を支えたのはロシアです。ア

サド政権は、東西冷戦中にソ連が軍事援助してきたアラブ民族主義の独裁政権の1つです。ほかの中東の独裁政権が「アラブの春」によって倒れていくなかで、ロシアは最後に残ったアサドを助けました。

ロシアのアサド支援には、イランに対する牽制の意味もありました。 シーア派の総本山ともいえるイランは、スンナ派のISをつぶし、シーア派の勢力を拡大するため、アサド政権を軍事的・経済的に支援しています。しかし、ロシアにしてみると、イランの影響力が拡大し、シリアがイランの保護国のようになっては困るのです。

ロシアは、対IS攻撃では欧米と利害が一致しましたが、反政府武装組織に対しては欧米と対立するという複雑な関係になりました。

結局、対IS攻撃ではアメリカ・イギリス・フランスなどに加え、ロシア・イランが一致して攻撃する体制となりました。欧米諸国もアサド政府軍がISを攻撃することは歓迎しました。

その後、トランプ政権がIS掃討に本腰を入れた結果、2017年10月にISは崩壊しました。トランプは、2018年末、対IS戦の勝利を宣言し、米軍の撤退を発表しました。

諸国の思惑が絡み合うシリアのアサド政権

スンナ派勢力
シーア派勢力 ☺
援助 →
攻撃 ✳
牽制

シリアの内政に深く関わるロシア

↓

シリアにおけるイランの影響力拡大を防ぐ

ＩＳがいなくなったことで、アサド政権は首都ダマスカスを中心にシリア全土を回復しました。

しかし、まだシリアには暗躍する勢力がいます。それが、**シリア北部で独立国家の建設をめざすクルド人勢力**です。クルド人はそれまで米軍の支援をうけていましたが、その後ろ盾を失いましたので、クルド人と対立するトルコも勢いづきました。

したがってシリアでは、アサド政権・クルド人・トルコの三つ巴の構図で、そこに欧米諸国やロシア、イランがからむかたちとなっています。

シーア派の大国イラン
核合意離脱のアメリカと対立

ルーツはペルシア帝国

ここからは中東の大国といえる、イラン、トルコ、イスラエルの地政学を見ていきましょう。

まずは、イランです。「スンナ派のアラブ人」が多いイスラム圏にあって、イランは特殊な国です。**イランは「シーア派のペルシア人」の国**だからです。歴史的にはイラン高原に生まれた歴代のペルシア帝国がルーツで、古代ローマ帝国などとわたりあう超大国でした。

では、なぜイランはシーア派なのでしょうか？　スンナ派のウマイヤ朝帝国ができ

No.3

たとき、ペルシア帝国（ササン朝）は滅び、アラブ人に支配されました。ペルシアはイスラム教を受け入れましたが、ペルシア人のプライドから、言語や文化までアラブ化されることはありませんでした。

16世紀、イラン高原に成立したのがサファヴィー朝です。これはサファヴィー教団がもとになっていて、その教義はシーア派の教義となじむことから、シーア派が採用されました。ここからイランはシーア派の国となったのです。

シーア派のサファヴィー朝は、スンナ派のオスマン帝国（トルコ）と中東の覇権争いをしました。その舞台となったのが、いまのイラクあたりです。**イラクは、古代メソポタミア文明が発祥した豊かな土地であるうえ、周辺の高台から見下ろす位置にあるので敵に狙われやすい運命にあります。**ペルシア人やトルコ人だけでなく、クルド人、ギリシャ人、ローマ人、アラブ人がかわるがわる侵入してきては激しい争いを繰り広げてきました。

現代でもイラク戦争が起きるなど、地政学的にグレート・ゲームが起こりやすい場所がイラクなのです。

欧米列強の草刈り場に

近代以降のイランは、欧米列強の草刈り場となります。19世紀には、グレート・ゲームを演じたロシアとイギリスによって分割され、ロシアが退いたあと、イギリスの傀儡政権が建てられました。戦後は、イギリスとアメリカが支援する国王パフレヴィー2世の独裁政権となりました。

ところが、この親英米の独裁政権をたおそうと、シーア派の法学者ホメイニが立ち上がりました。**1979年のイラン革命**です。イラン革命は成功し、**英米勢力は国内から一掃されます**。ここから、イランとアメリカの敵対関係がはじまるとともに、新たなグレート・ゲームがはじまりました。

イランからアメリカがいなくなったことから、**その空白を埋めるようにソ連が南下しました（ソ連のアフガニスタン侵攻）**。このときアフガニスタンで結成されたのがアルカイダで、のちにアメリカを脅かすテロ組織となります。また同じく、イラクのフセインもイランに侵攻してきました。これが**イラン・イラク戦争**です。フセインは、イラン革命が国内のシーア派を刺激して分離運動をひきおこすことを恐れて、先手を

打って侵攻したのです。しかし、ソ連とイラクはかえって国力を消耗させ、ソ連は崩壊、フセイン政権は湾岸戦争とイラク戦争で崩壊しました。**その権力の空白地帯に生まれたのがＩＳ**ということになります。

さて、イラン革命からはじまったイランとアメリカの敵対関係は、ブッシュ（子）政権時代に先鋭化します。ブッシュはイランを「悪の枢軸」とよび、核開発を非難し、西側諸国とともに経済制裁をかしました。しかし、イランはかつてのペルシア帝国のような超大国をめざして、そのために強気に核開発をすすめました。

ところが、オバマ政権は打倒ＩＳで利害が一致したことからイランに接近し、2015年7月の核合意と、経済制裁の解除にふみきりました。これによってアメリカは、イランと敵対しているサウジアラビアやトルコ、イスラエルとの関係を悪化させました。

アメリカとイランの対立構図

トランプ政権は、核合意から離脱し、段階的にイランへの経済制裁を強めました

イランとアメリカの対立構図

1979年　イラン革命

シーア派のホメイニ指導のもと
国内から英米を一掃

ホメイニ

↓

以降、イランとアメリカは敵対関係に

アメリカ陣営	vs	イラン陣営

・サウジアラビア
・トルコ
・イスラエル

・EU諸国
・中国

ライシ大統領

（P65）。ヨーロッパ各国政府は核合意の維持をめざしましたが、イランに進出していた世界的な企業は制裁をおそれて撤退しました。

トランプ政権が発動した経済制裁はもちろん、イランを敵視するサウジアラビアやトルコ、イスラエルから歓迎されました。ですから、2018年5月にアメリカが在イスラエル米国大使館を西エルサレムに移転したとき、サウジアラビアはアメリカに形だけ抗議したものの、本音レベルではまったく問題にしませんでした。

それまでの中東の対立構図の中心は、パレスチナ問題を背景とした「イスラエ

ル対アラブ諸国」でしたが、**アメリカ陣営対イラン陣営**という構図に変わりました。アメリカの核合意離脱により、イスラエルとサウジアラビアはアメリカ陣営に入り、EU諸国は合意維持を主張し、イラン陣営に残っています。

さて、バイデンはイラン核合意の再建を選挙戦の公約にしていましたが、実現できるかどうかは不透明です。

イランは「一方的に核合意から離脱したアメリカが制裁を解除するのが先」と主張していますが、アメリカは、交渉前の制裁解除を否定。そうこうしているあいだに、イランは高濃縮ウランの貯蔵量を増やすなど、核合意を大幅に逸脱する形で核開発を加速させています。1か月もあれば核兵器1個分の核燃料を製造できるという分析もあります。

イランは反米強硬派のライシ政権に変わり、交渉は難航しそうです。もし交渉が決裂すれば、バイデンは強硬手段をとる可能性もあります。

トルコはイスラム主義復興で中東覇権を狙う

世俗主義で近代化したイスラム国

次にトルコの地政学を見てみましょう。

トルコはもともとヨーロッパとの縁が深く、東ローマ帝国の繁栄のもとでキリスト教の文化が根づきました。それが**15世紀以降のオスマン帝国の支配で完全にイスラム化しました。**現在は国民の99％がイスラム教徒です。

第1次世界大戦後、オスマン帝国の弱体化でイギリス・フランスに分割される危機にみまわれました（セーブル条約）。これに対し、ムスタファ＝ケマル＝アタテュルクが革命を起こし、オスマン帝国を崩壊させ、トルコ共和国を樹立します。アタテュ

No.4

ルクは、英・仏との交渉で、「アラブ人地域は放棄するが、アナトリア（トルコ本土）は手放さない。それが認められないならロシア側につく」と脅しました。ロシアの地中海進出をゆるしたくない英・仏は、仕方なくアナトリアから撤退しました（ローザンヌ条約）。アタテュルクは、自国の地政学的な意味をよく理解していたといえます。

初代大統領となったアタテュルクは、**トルコ共和国の基本原則に「世俗主義（政教分離）」をすえました。** 具体的には、イスラム教を国教からはずしたり、アラビア文字にかわってアルファベットを取り入れたり、一夫多妻制を禁止したり、女性の参政権を実現しました。世俗主義で欧米のような国をめざしたのです。

イスラム主義を復興させるエルドアン

トルコはヨーロッパとの関係を重視し、イスラム世界の国では唯一のNATO加盟国となりました。アメリカの軍事援助を受け、**南下政策をとるロシア（ソ連）の脅威から地中海を守る防波堤の役割を果たしてきた**のです。ちなみに、隣国のギリシャもトルコと同じような役割を果たしています。

早くからEECやECへの加盟申請をしてきた流れで、1999年にEUの正式加盟候補国となり、2005年からEUへの加盟交渉がスタートしました。が、交渉はほとんど進んでいません。

EU加盟交渉に反して、**トルコ国内ではイスラム主義が復興しつつあります。**その中心にいるのがエルドアン大統領です。彼は2003年から首相をつとめ、2014年に大統領になりました。

トルコでは欧米を手本に産業が発展しましたが、それによって貧富の差が生まれました。そこでエルドアンは「富を再分配して助け合うイスラムの精神に戻ろう」と主張し、人気を獲得しました。

ただ、エルドアンのイスラム主義には富裕層を中心に批判がありました。そんななか2016年7月に起きたのが、軍部によるクーデター未遂事件です。トルコは建国以来、**軍部が「世俗主義の番人」として機能し、ときの政権がイスラム主義に傾きそうになると軍の圧力で修正する**ということがたびたび起きてきました。今回もその機能が働いたのですが、エルドアン大統領に対する国民の支持が強く、クーデターは失敗しました。クーデター後のエルドアンは抵抗勢力の一掃をはかり、より中東への関

与を深めようとしています。

米軍撤退で関係改善

トルコの中東との関わりで必ず問題になるのが、**クルド人問題**です。クルド人は、「国をもたない世界最大の民族」といわれ、シリア、トルコ、イラク、イランなどにまたがる地域に住んでいます。トルコの人口のうち2割がクルド人です。

イラク戦争やシリア内戦はクルド人にとって大きなチャンスで、ISをたおしてこの地域で独立しようと考えました。そのため、対IS作戦で利害が一致した米軍の支援を受けてきてきました。

これを嫌ったのがトルコです。もしクルド人が独立すると、トルコの東側に住むクルド人も自治区を求めて活気づくからです。

もう1つ、トルコが警戒したのがイランです。トルコとイランは昔から中東の覇権争いをしてきたライバル同士ですが、対IS作戦に乗じてイランまでもが勢力を拡大してきたら厄介です。

トルコとISとクルド人

現在のクルド人の大まかな分布

トルコが恐れる流れ

シリア内戦後にその地で
クルド人が独立

↓

トルコ東部にいる多数の
クルド人も乗じて独立

トルコの思惑

「クルド人武装勢力の掃討」

↓

IS壊滅後はアメリカと再び歩み寄りへ

エルドアン
大統領

こうした事情から、対IS作戦でクルド人を支援するアメリカとの関係は冷え込んでいました。追い打ちをかけたのが、前述のクーデター未遂事件です。この事件はアメリカの陰謀という見方があったからです。実際、クーデター部隊を支援するための給油機がインジルリク空軍基地から離陸していたという情報があります。そこは、IS攻撃の前線基地として米軍が使用しています。

トルコはアメリカやNATOと距離をとり、ロシアと近づきました。両国は食料やエネルギー分野での協力を進めました。トルコ経由のガスパイプライン計画「トルコ・ストリーム」の建設でも合意し、

２０２０年に運用開始しました。トルコ・ストリームは、南欧諸国にもメリットになります。ウクライナ経由のガスよりも安く、不安定なウクライナ情勢の影響も回避できるからです。

一方、アメリカとNATOにしてみると、ロシアの防波堤となるトルコとの関係は重要です。そこでトランプ政権では、経済制裁をかけながらもエルドアンとの関係修復をはかりました。アメリカが、IS壊滅にともないシリアから軍を撤退させ、トルコにクルド人武装勢力を攻撃しやすい環境を提供したことはその１つの兆候といえます。

しかし、**バイデン政権発足後の両国関係は冷え込んでいます**。トルコはNATO加盟国でありながら、ロシアから対空ミサイルシステムを調達。これが大きな問題となり、アメリカはトルコを最新鋭ステルス戦闘機F35の開発計画から排除したうえで、制裁を加えています。

アメリカと協調しイランと対抗するイスラエルの地政学

No.5

戦後に生まれた新国家

さいごにイスラエルの地政学を見てみましょう。

イスラエルは第2次世界大戦後にできた新しい国で、**中東最大の親米国家**です。

第1次世界大戦中、イギリスとフランスは、戦後のオスマン帝国領の分割を決めたサイクス・ピコ協定を結びました。一方で、アラブ人に対しては戦後の独立を約束しました（フサイン＝マクマホン協定、P188）。矛盾する2つの約束をしたわけですが、じつはもう1つの約束がありました。それがバルフォア宣言です。これは**イギリスがパレスチナにユダヤ人国家を建設することを約束した**ものです。ユダヤ系金融

資本家のロスチャイルド家から戦費を調達するかわりに交わした約束でした。

この結果、パレスチナはイギリスの委任統治領となり、ユダヤ人の移住がはじまりました。

当然、**もともとパレスチナに住んでいたアラブ人との激しい衝突が起きました**。第2次世界大戦後、国連はパレスチナをユダヤ人国家のイスラエルとアラブ人国家に分割することを決めましたが、双方納得せず、イスラエル・アラブ諸国間で中東戦争が4回にわたって引き起こされることになります。

イスラエルはアメリカの軍事援助を受けて対抗します。アメリカのユダヤ人は人口の3％ほどですが、金融とマスメディアを通して強い政治力を行使し、イスラエル支援を実行させました。アメリカとしても、ソ連が軍事支援するアラブ諸国と対峙するための拠点として、イスラエルは地政学的に重要という面もありました。

ところが、**冷戦の終結によってイスラエルの重要性は低下しました**。それが1993年のパレスチナ暫定自治協定につながりました。協定では、イスラエルが占領地ガザとヨルダン川西岸から撤退してパレスチナ人の自治政府を認めるかわりに、パレスチナ解放機構（PLO）がイスラエルを承認する、という内容でした。

ただ、イスラエルで政権をにぎった右派連合のリクード党はこの協定に反発し、占

領地からアラブ人を追い出そうとしました。一方、パレスチナ側でも抵抗運動（インティファーダ）が起きました。互いに報復合戦を繰り返し、パレスチナ問題は先の見えない悪循環に陥っていきました。

ヒズボラとイランの脅威に怯える

いまのイスラエルにとっての脅威は大きく2つあります。1つはガザ地区を拠点とする**スンナ派武装組織ハマス**、もう1つは隣のレバノンを拠点とする**シーア派過激派組織ヒズボラ**です。ヒズボラはシーア派のイランが支援しており、イランが核兵器をもてばヒズボラに渡る可能性があるため、イスラエルはイランの核武装を警戒しています。ところが、オバマ政権は打倒ISを優先し、イランの核武装には目をつむりました。これでイスラエルはアメリカに対する不信感を強めました。両国関係はかつてないほど悪化しました。

そんななかトランプ政権は、**イランの核合意からの離脱を表明し、イランとの対決姿勢を鮮明にすることでイスラエルの信頼感を取り戻しました。**

イスラエルに迫る脅威

パレスチナ問題

ユダヤ系のイスラエル 💥 アラブ系のパレスチナ
（親欧米派）　　　　　　　　　（反欧米派）

イスラエルの敵対勢力

ハマス		ヒズボラ
ガザ地区	拠点	レバノン
スンナ派	宗派	シーア派
	特徴	イランが支援

さらにトランプは、2018年5月に在イスラエル米国大使館を西エルサレムに移転させました。これはどんな意味をもつのでしょうか？

エルサレムは、ユダヤ教・キリスト教・イスラム教のすべての聖地です。詳しく見ると、**西エルサレムはイスラエルの国土の一部であり、同国の首都として各国が認める**ところとなっています。一方、東エルサレムはパレスチナが自国の領土と主張し、首都であると認識しています。問題は、イスラエルが東西エルサレムは一体であり、一つの首都であると主張していることです。

そもそもこの大使館の移転は1995

年にアメリカ議会で決まっていたものでしたが、これを、実行に移したことでユダヤ民族からのトランプ政権への信頼感は格段に高まりました。

トランプ政権は、イスラエルとの信頼感を取り戻したうえで、アラブ諸国との関係改善を進めました。イスラエルはアラブ首長国連邦、バーレーンと相次いで国交を正常化しました。パレスチナとの和平にむかう流れにあったといえます。

ところが、バイデン政権でこの流れは断ち切られています。2021年には、ガザ地区を支配するハマスとイスラエルのあいだで戦闘が起こり、以前のような地域の不安定化が見られます。

一方で、新たな展開も起きています。イスラエルは、荒涼として資源もなく、**地政学的には最悪の土地でしたが近年、エネルギー分野で自立しつつあります。**2010年前後から、イスラエルの地中海沖でガス田の発見が相次ぎ、すでにエジプトへの供給をはじめました。ギリシャとキプロスへの海底パイプラインの建設でも合意しています。

これまでイスラエルは地政学的な不利を核戦略で補ってきましたが、エネルギー面で新たな武器を手に入れつつあります。

第7章

大国の情勢を映す

アジアの地政学

大国のバッファゾーンとして機能する朝鮮半島

朝鮮半島は戦場となる宿命⁉

朝鮮半島の地政学的な意味を考えてみましょう。

中国大陸から海洋につきでた朝鮮半島は、**各国のパワーがせめぎあうバッファゾーン**になります。中国にとっては日本やアメリカなど海洋からの侵略を防ぐための、日本にとっては中国の歴代帝国や南下するロシア（ソ連）からの侵略を防ぐためのバッファゾーンとなりました。

たえず大国が侵入してきて戦場と化す宿命にある朝鮮半島の歴史は悲惨で、その行き着く先が南北分断という形にあらわれています。

No.1

日清・日露戦争はバッファゾーンの戦い

　朝鮮は中国と国境を接しています。なので、朝鮮はつねに歴代の中華帝国の脅威にさらされてきました。ただ、小国ならではの巧みな外交で一度も中国に呑み込まれたことはありません。

　中国の侵攻に対してときには激しく抵抗しますが、それが無駄とわかると、忠誠心を示して属国としての立場を受け入れます。その意味では、**よくも悪くも、朝鮮にとってもっとも関係の深い国はランド・パワーの中国**になります。

　19世紀後半に中国（清）が欧米列強の侵略を受けて弱体化すると、反対にシー・パワーの日本が朝鮮半島をうかがうようになりました。日本は朝鮮を脅します（江華島事件、1875）。朝鮮の宮廷内には親清派と親日派が生まれ、その対立が日清戦争（1894）に発展し、日本が勝利します。

　清の力が衰えると、こんどはロシアが南下してきました。もしロシアが朝鮮を支配すると、次に日本が狙われます。日本としてはなんとしてもロシアの侵入をくいとめなければなりません。そこで日本は、イギリスと同盟してロシアと戦いました。これ

が日露戦争です。結局、**日本にとっての日清・日露戦争は、ランド・パワーの反日勢力を朝鮮半島というバッファゾーンで退けるための戦い**でした。このいずれかに負けていれば、日本の独立は危ういものとなっていたでしょう。

その後の日本に地政学上の戦略的なミスがあったとすれば、日韓併合をへて、満州国を建て、さらには中国の内戦にまで深く関与したことです。シー・パワーの限界を超えた地上戦にのりだしたことで、戦争の泥沼にはまってしまいました。

マッカーサーは満州を狙っていた⁉

戦後の朝鮮戦争（1950）は、はじめは「アメリカ支援の韓国vsソ連支援の北朝鮮」でしたが、途中から中国が参戦しました。中国からすると、国防上重要となるバッファゾーンで起きている戦争を黙って見てるわけにはいかなかったのです。韓国が勝てばアメリカが、北朝鮮が勝てばソ連が脅威となります。中国からすると、国境の向こうに大国が居座ることはゆるされません。**「共産主義と資本主義の対立」**というイデオロギーではなく、**地政学的な判断から中国は参戦した**のです。

バッファゾーンであり続けた朝鮮半島

朝鮮半島は常に大国がせめぎあうバッファゾーン

朝鮮戦争 …アメリカとソ連による代理戦争

↓

バッファゾーンの隣国を守るため中国も参戦

実質的に「米中戦争」となって、押しつ押されつの攻防となった朝鮮戦争は、北緯38度線を国境に定めて休戦となりました。

ちなみに、このとき国連軍（米軍）を指揮したマッカーサーには、朝鮮半島からその先の満州を狙う構想があったといいます。しかしこの戦略はトルーマン大統領に却下され、マッカーサーは解任されました。もしも米軍が満州まで狙っていれば、それは戦前の日本がとった戦略と同じであり、シー・パワーのアメリカにとって難しい戦争になっていたと予想されます。

南北の支援国が大転換

朝鮮戦争の結果起きたことは、**韓国のシー・パワー化**です。韓国は北朝鮮をはさんで中国大陸と分断され、実質的に「島国」となりました。島国のシー・パワーとなった韓国は、同じシー・パワーの日米の陣営に入ります。韓国は防衛上、日米との協力が不可欠となりました。

しかし、日米にかつての勢いがなくなり、反対に中国が経済的・軍事的に大国化するなかで、韓国のアプローチは変わりました。韓国は、日米と距離をとり、中国との距離を縮めるようになりました。また、2017年5月に成立した文在寅政権では、北朝鮮との関係を深めています。このことは、P225で見てみましょう。

一方、朝鮮戦争後の北朝鮮は、初代最高指導者である金日成（キムイルソン）が「主体思想（チュチェ）」を掲げ、中国・ソ連にも支配されずに自立的にやっていく道を探りました。1990年代から本格化した核・ミサイル開発などもその一つの手段です。

しかし、核開発問題で国際的な経済制裁の対象となったことで、中国に支援を求め、

結果的に中国への依存度を高めていきました。

これは中国からすると歓迎すべき状態です。中国は北朝鮮への影響力を高め、自国のコントロール下においておきたいのです。なぜなら、韓国には約３万人の米軍が駐留しています。**この米軍と直接対峙しないためにも、北朝鮮を自国に有利なバッファゾーンとして機能させたい**のです。

中朝関係は表向きは「友好」ですが、国境を接しているので、本音ではお互いに警戒しています。そんななか、北朝鮮に金正恩政権が誕生し、さらにアメリカでトランプ政権が誕生したことで、中朝関係や米朝関係が激変する事態が起きました。次項で見てみましょう。

米朝首脳会談実現も朝鮮半島の非核化は遠のく

中朝悪化・米朝接近

北朝鮮に金正恩政権が誕生し、さらにアメリカでトランプ政権が誕生してから、中朝関係は悪化、反対に米朝関係は接近しました。

中朝関係では、2013年に北朝鮮の親中派で事実上のナンバー2である張成沢が処刑され、2017年に金正恩の兄・金正男が暗殺されました。暗殺は北朝鮮の工作員によるものと見られています。こうして中国と関係の深い2人の人物が消されたことで、**中朝関係が大きくゆらいでいる**ことがわかりました。

金正恩政権は、核・ミサイル開発を加速させます。核実験をなんども強行し、ミサ

No.2

イル発射を繰り返しました。この時点で米朝関係は危機的な状況となりました。トランプは、朝鮮半島周辺に強大な軍事力を見せつける行動に出ました。2017年9月以降、B1戦略爆撃機を軍事境界線の東方海岸沖を越えて飛行させ、ロナルド・レーガン、ニミッツ、セオドア・ルーズベルトの**空母3隻を日本海に展開させました。**

このときトランプは、ただ北朝鮮を脅すだけでなく、正しい選択肢を示したうえで、核放棄を迫ったと考えられます。つまり、「核を放棄すれば、安全の保障を与える」というものです。

金正恩は、「このまま核武装を推進し、世界からの孤立化の道を進む」のか、それとも「核武装をやめて、アメリカから安全の保障をえて、体制の生き残りをはかる」のかの選択を迫られました。

金正恩が選んだのは後者です。2018年6月12日の米朝首脳会談では、北朝鮮の核・ミサイルの廃絶が行われた時点で、アメリカは経済制裁を解除する合意がなされました。

ところが、北朝鮮は非核化を進めません。

2019年2月の2度目の米朝首脳会談では、北朝鮮側は、寧辺（ニョンビョン）の一部の核施設の

非核化に向けて接近する米朝関係

中朝関係のゆらぎから、2018年に米朝会談が実現

非核化を条件に
経済制裁の解除

→

核の保持を優先

北朝鮮の非核化は進んでいない

閉鎖と引き換えに、経済制裁の主要部分の解除を求めたようですが、アメリカは拒否しました。アメリカは、北朝鮮が公表していない大規模な核施設（分江地区の地下のウラン濃縮施設とされる）の廃棄を求めました。これには北朝鮮もあわてたようで、交渉はまとまりませんでした。

この会談を見るかぎり、**北朝鮮は経済制裁の解除よりも、核施設をなんとか死守したいという思惑が見えてきます**。非核化を前提に考えていないのです。トランプは完全な非核化を求めて安易な妥協をしなかった点は評価されますが、依然として北朝鮮の核戦力が温存されてしまったのです。

２度目の米朝首脳会談以降、米朝関係に進展がないなか、北朝鮮はふたたびミサイル発射実験を繰り返すようになります。現在は、多様なミサイル開発が進んでいる

ことを誇示しながら、アメリカ・バイデン政権を牽制しています。

親中・反米・反日の韓国

今後の朝鮮半島情勢を見ていくには、韓国の地政学的な基本姿勢を理解する必要があります。

韓国は周囲を大国に囲まれた小国ですので、その時々で強い国につくことで生き残りをはかってきました。かつては中華帝国につき、近代になるとロシアや日本と友好を結び、戦後の冷戦中はアメリカや日本の支援を得てきました。

韓国では独立以来、反日教育がされていますが、冷戦中は日本の支援なしではやっていけなかったので、政治レベルでは日韓友好が基本となっていました。日本からすると、韓国は中国やロシア、北朝鮮といった**東側社会と対峙するときのバッファゾーンになりますから、韓国が支援を求めてくれば応じてきた**という歴史があります。

情勢が変わったのは、冷戦の終結以降です。日米にかつての勢いがなくなり、反対に中国が経済的・軍事的に大国化しました。韓国の最大の輸出先は中国です。対中関

北朝鮮主導による朝鮮統一⁉

親北　　　反米
　　　　　　反日

北朝鮮との距離を縮めたい文在寅（ムンジェイン）政権の韓国

係が重要になるにしたがい、韓国では親中派が勢いを増しました。

親中となった韓国は、反日・反米に傾きます。ですから、近年の韓国は、「親中・反米・反日」が基本です。2017年に成立した文在寅政権ではとくに、「反日・反米」が加速しました。

文在寅政権のもう1つの特徴は、「親北」でした。しかも、たんなる親北ではなく、**「北朝鮮主導の南北統一」**を志向していたといわれています。

朝鮮の人々のなかには、かつて抗日武装闘争を指導したとされる金日成が建国した北朝鮮のほうが国家として正当性があるという考え方がありますが、その流れを汲んでいます。

「北朝鮮主導の南北統一」というと、意外に思えるかもしれません。しかし、トランプ政権時にはありえない話

ではありませんでした。2018年の米朝合意には、次のような文言が見られます。

「アメリカ合衆国と朝鮮民主主義人民共和国は協力して、永続的で安定した一つの平和のレジームを朝鮮半島に建設することに協力する」

朝鮮半島には現在、韓国と北朝鮮という2つのレジーム（体制）が存在しています

が、これを「一つの平和のレジーム」にする。これについてアメリカと北朝鮮が協力

するとしていたのです。

これは明らかに、北朝鮮が主導権をもって進める南北統一をアメリカが支援すると

いう意味になります。**仮に南北朝鮮の統一が北朝鮮主導で進むと、統一朝鮮は親中・**

親ロシアの国家になります。アメリカとしては、朝鮮半島が非核化し、対中国・対ロ

シアのバッファゾーンとして機能していれば問題ありません。軍事的負担を軽減でき

るので、朝鮮半島は喜んで放棄します。これがトランプ流のオフショア・バランシン

グの戦略でした。

現在のバイデン政権は、朝鮮半島にあまり関心がありません。2022年3月に韓

国の大統領選がありますが、朝鮮半島情勢よりも、新大統領の対中姿勢を注視すると

考えられます。

中国シー・パワーの防波堤となるベトナム

統一国家は生まれていない

東南アジアは、これまで一度も統一されたことはありません。なので、それぞれの国や地域の文化が守られてきました。

ただ、中国や日本、欧米列強などの大国が入れ代わり立ち代わり進出してきました。

中国大陸のリム・ランドとマージナル・シーにあたる東南アジアは、地政学的にとても魅力的なのです。

では、各国がどのように国土を守ってきたのか、その戦略を2回にわけて見てみましょう。

No.3

ベトナムの敵はいつも中国だった

まずベトナムですが、ベトナムの敵はつねに中国です。ベトナムと中国の対立は、国境を接する両国前3世紀の秦の始皇帝のベトナム侵略から断続的につづいていて、国境を接する両国の対立は宿命づけられたものです。ただ、中国がベトナムを支配したのは、漢の時代から唐の時代にかけての1000年ほどだけ。しかも北ベトナムのみです。これ以降、ベトナムは中国の侵略をことごとくはね返しました。

19世紀後半、中国が弱体化して、かわってやってきたのがフランスです。さらに第2次世界大戦中は、フランスにかわって日本軍が入り込んできました。これに対し、ソ連の支援をとりつけたホー・チ・ミンが指導し、日仏両軍に対する激しい抵抗運動を繰り広げました。

戦後は、インドシナ戦争でフランス軍を追い払い、さらにはベトナム戦争でアメリカ軍を排除します。**ベトナム戦争では、中国が例外的にベトナムを支持しました。**これは中国とベトナムが同じ共産主義だからというより、朝鮮戦争と同じ図式で考えることができます（P218）。中国は、シー・パワーのアメリカ勢力が国境線まで迫っ

てくることをもっとも恐れたのです。

ベトナム戦争後は、米中関係改善もあって、ふたたびベトナムと中国は対立しました。とくに問題になったのが、**南シナ海の領土・領海をめぐる争い**です。中国は、ベトナム沖にある西沙諸島をインドシナ戦争後とベトナム戦争後に半分ずつ接収し、すべて支配しました。近年は地対空ミサイルを配備するなどして実効支配を強めています。

これに対しベトナムは、**各国と連携して中国に対抗しています**。2018年3月には米海軍の原子力空母カールビンソンがベトナムに寄港し、両国の軍事的結びつきをアピールしました。米英仏は「航行の自由作戦」（P69）を行っています。長年の友好国である最大の武器輸入国でもあるロシアとは、軍事合同演習を行っています。ベトナムは中国の海洋進出を抑える重要拠点なので、大国の支援は手厚くなっています。

カンボジアとラオスは「反ベトナム・親中」

カンボジアは、かつてはアンコール朝（9〜15世紀）時代に全盛期を迎え、現在の

タイからラオス、ベトナム南部まで支配していた強国です。しかし、タイの王朝において、現在はメコン川下流域の領土に落ち着きました。17世紀にはベトナムが進出し、さらには、19世紀後半にベトナムなどとともにフランスに支配されます。

1979年、ベトナムが侵攻してきて、共産党のポル・ポト政権が倒れました。すると、すぐに中国が助けにきて、中国とベトナムのあいだで戦争（中越戦争）になりました。中国とは国境を接していないこともあり、**「中国の力を借りてベトナムを牽制する」**というのがカンボジアの一貫した戦略です。

同じく**ラオスも反ベトナム・親中**です。ラオスは中国と国境を接していますが、山岳地帯で分断されているので、緊張はありません。

中国は、東南アジアのなかでは「カンボジアとラオスを支援して、ベトナムやフィリピンと対立する」という構図になっています。

民主化後も岐路に立つミャンマー

ベトナムはフランス領になりましたが、それに対し、ビルマ（現ミャンマー）はイ

中国と対峙し続ける東南アジア

東南アジア諸国の重要事項
⇒有利なパートナー探し

●ベトナム
- ・敵は過去も現在も「中国」
- ・米英仏やロシアの支援で中国に対抗

ホー・チ・ミン

●カンボジア・ラオス
- ・ベトナムと対抗し、中国が味方に

●ミャンマー
- ・文民政権発足後、日米との関係強化

アウンサン

ギリス領になりました。

第2次世界大戦中は日本軍がアウンサンなどの指導者を指導して支配します。

しかし、大戦末期にイギリス軍が優勢となると、アウンサンはイギリス側につくことで独立を勝ち取りました。1948年、ビルマ連邦として独立します。ただ、独立宣言直前にアウンサンは暗殺されました。

多数の少数民族をかかえるビルマは、内乱が絶えませんでしたが、1962年の軍事クーデターによってネ・ウィン将軍の軍事独裁政権が樹立されます。ネ・ウィンは「ビルマ式社会主義」を掲げて、非同盟中立路線をとりました。

冷戦末期になると、社会主義への批判が高まり、アウンサンの娘であるアウンサン・スーチーが指導する民主化運動が起きました。ところが、軍事政権はスーチーを自宅軟禁し、議会を解散させてしまいました。このとき、軍事政権は国名を本来の「ミャンマー」としました。

国際的に孤立したミャンマーに接近したのが中国です。鉄道やパイプライン、ダムなどの建設をもちかけて、ミャンマーに進出しました。これは対インド戦略（P243）にもなっています。

ミャンマーは軍政から民政に移管し、2016年にスーチー政権が発足。**中国のダム建設計画などは白紙となり、日米との関係を強めました**。しかし、イスラム教徒・ロヒンギャに対する迫害の問題解決には消極的で、批判を浴びました。

2021年2月、国軍がクーデターを起こし、スーチーらを拘束し、国家権力を掌握しました。民主化の流れが強まり、国軍が強い権限をもつ現行憲法の改正論議が進むことを警戒したようです。

対米・対中関係でゆれるフィリピン

バッファゾーンで守られたタイ

つづいてタイについて見てみましょう。タイは東南アジアでは唯一、植民地化を逃れた国です。フランス領（ベトナムなど）とイギリス領（ビルマ／現ミャンマー）の中間にあったことで、**両者のバッファゾーンとなって、中立を保つことができました。**

戦後のタイでは、軍事クーデターが頻発しています。政治権力の腐敗が進むと、軍部がクーデターを起こして軍事政権を樹立し、ふたたび民政に戻すということが行われているからです。ですからタイでは、民政→軍政→民政の繰り返しです。

2006年の軍事クーデターでは、タクシン政権が倒れ、タクシン派（農村部の

No.4

貧困層・新興勢力）と反タクシン派（都市部の富裕層・既得権益者・軍部）で分裂。

2014年にもふたたび軍事クーデターが起き、軍事政権に移行しました。

2016年、プミポン国王が亡くなりました。国王には政治権力はありませんが、戦後70年君臨してきたプミポン国王には絶対的な権威があり、それによって国内の安定が保たれていた側面があります。国王の死で混乱の度合いが深まりました。

2019年3月に行われた総選挙は、親軍政勢力、タクシン元首相派、両派と距離をおく第3勢力の三つ巴の構図となりました。タクシン派が第1党となりましたが、反軍政政党の合計議席が過半数にいたらず、親軍政のプラユット首相続投となりました。

ところで、タイの領土のなかでも、地政学的に注目されているのが、「クラ地峡」です。マレー半島中央部のもっとも狭い部分（44キロ）です。ここに「クラ運河」が**できれば、マラッカ海峡経由より航路が大幅に短縮されます**。

マラッカ海峡は、インドネシアとシンガポールのあいだの海峡です。昔からインドと中国をつなぐシー・レーンの要衝で、世界でも重要なチョーク・ポイントの1つです。現在はアメリカがおさえていて、日本のシー・レーンも守られています。

中国もここを利用していますが、海洋覇権を狙う中国にとって、マラッカ海峡に依存することは大きなリスクです（マラッカ・ジレンマ）。そこで**中国は、マラッカ・ジレンマを解消する1つの手段として、クラ運河建設に関心を高めています。**

インドネシアはイスラム教徒が世界最多

インドネシアは、17世紀からオランダの植民地となり、第2次世界大戦中は日本軍が支配します。日本の敗戦後は、オランダの再支配を退けて独立を果たし、初代大統領にはスカルノがつきました。

スカルノは、共産党の勢力を基盤にして、反欧米・アジア連帯の立場をとり、中国の毛沢東やインドのネルーと接近しました。しかし、1965年の政変でスカルノが失脚し、かわってスハルトが軍事独裁政権を樹立しました。スハルトは共産党勢力を一掃し、親米路線をとるようになります。

現在のインドネシアが抱える問題の1つは、イスラム過激派の活動です。インドネシアは世界最多のイスラム教徒を抱えていて、過激派思想に陥る若者が増えていま

す。ISに忠誠を誓ってシリアやイラクに渡り、帰国後にテロを起こすという悪循環が起きています。

反米に転じたフィリピン

フィリピンは、スペインの植民地でしたがアメリカが奪い、第2次世界大戦中は日本軍が占領しました。戦後はアメリカから独立しましたが、米軍の駐留は認められました。

1965年から独裁政治を行ったマルコス政権は、政敵のベニグノ・アキノ暗殺事件をきっかけに民衆の怒りを買い、1986年に崩壊（ピープル・パワー革命）。大統領となったアキノ夫人は、反米運動の盛り上がりから米軍を撤退させます。が、これが中国の海洋進出を招き、南沙諸島（スプラトリー諸島）の実効支配をゆるすことになりました。なので、ベニグノ・アキノ3世大統領は、ふたたび米軍を呼び戻そうとしました。

しかし、2016年に大統領となったドゥテルテは完全な反米で、米軍基地復活

各勢力の脅威がせまる東南アジア

●タイ
・国王の死後、混乱が深まる情勢
・「クラ海峡」を中国が狙う

ブミボン国王

●フィリピン
・中国が南沙諸島を実効支配するが
　反米政権のため中国と接近

ドゥテルテ大統領

●マレーシア
・政権交代後、中国と距離を置く

マハティール首相

はペンディングとなりました。ドゥテルテは中国に接近します。**すでに実効支配されている南沙諸島の問題を棚上げし、中国と共存するという戦略をとります。**

2018年、ドゥテルテは習近平と会談し、南シナ海での石油・天然ガスの共同開発や国内のインフラ整備で協力することで合意しました。

ドゥテルテは、2022年6月の任期満了をもって政界を引退する意向です。次期大統領としては、マルコス元大統領の長男マルコス・ジュニア（通称ボンボン・マルコス）が有力視されています。ドゥテルテの「対中接近」路線が引き継がれるのかが注目されます。

政権交替で反中に転じたマレーシア

マレーシアでは、大きな変化が起きています。

マレーシアは1957年の独立から、13の政党連合である国民戦線による統治がつづいていました。しかし2018年、新しい政党連合である希望連盟が下院選挙で勝利し、政権を奪いました。マレーシアにとって初の政権交代です。経済成長が停滞するなか、国民は政治の刷新を求めました。首相についていたのは、かつてマレーシアを高成長に導いた実績のある92歳のマハティール氏です。

マハティールは、**前政権が進めた中国との巨額インフラ投資の計画を中止し、「債務のわな」を回避しました。**あとを継いだムヒディン首相は新型コロナウイルス感染対策の失敗などから辞任に追い込まれ、現在はイスマイル・サブリが首相についてい
ます。

中国・パキスタンに包囲される インドの地政学

分離独立したパキスタンと対立

インドの地政学を見てみましょう。

インドはもともと無数の小国にわかれていました。現在の「インド」という1つの国にまとまったのは、1858年の「イギリス領インド帝国」からです。1877年以降はイギリス国王がインド皇帝をかねることで、インドを直接統治しました。

このころユーラシア大陸で起きていたのが、イギリスとソ連のグレート・ゲームです。ハート・ランドから南下するソ連に対し、イギリスが迎え撃つかたちとなりました。インドに拠点を構えたイギリスは、アフガニスタンを保護国として、さらに中国

No.5

ともめていたチベットを支援して独立させました。**アフガニスタンとチベットをソ連の南下に対する防波堤とした**のです。

一方、インド国内では植民地支配への不満が高まっていました。これに対しイギリスは、ヒンドゥー教徒とイスラム教徒の対立をあおることで、自分たちへの不満をそらそうとしました。いわゆる「分割統治」です。

しかし、宗教融和を掲げるガンディーの独立運動が活発になってくると、手を焼いたイギリスは、州レベルの自治を認めることにします。

そして戦後の1947年、**インドは独立します**。このとき、もともとイスラム教徒が多かった北西部のパンジャーブ州と東部のベンガル州はインドから切り離され、パキスタンとして独立することになりました。さらに東パキスタンは1971年にバングラデシュとして独立します。

この宗教をベースとした分離独立は、紛争の火種となりました。それが**カシミール紛争**です。

インド最北部のカシミール州はイスラム教徒が多く、住民はパキスタン帰属を望んでいたにもかかわらず、インド領となってしまいました。これが発端となって、イン

ドとパキスタンの両軍が領有権を主張して介入する印パ戦争が繰り返されるようになったのです。

インドに対抗しなければいけないパキスタンは、アメリカと同盟しました。一方、イギリスが撤退して空白地帯となったチベットには、中国が侵攻してきました。さらに中国は、インド東北辺境地区とカシミール州に侵攻します。

中国は、1914年に定められたインドとチベットの国境線「マクマホン・ライン」を認めておらず、インドと対立関係にありました。中国とパキスタンは、対インド攻略で利害が一致しているので手を組みました。

アメリカが支援するパキスタンと中国に包囲されたインドは、ソ連に助けを求め、軍事同盟を結びました。そして中国に対抗して核武装しました。これによって中国とインドの対立は表面上は落ち着きましたが、ただ今度は、**インドに対抗してパキスタンも核を保有しました**。核開発の連鎖が起きたのです。

アメリカは、核実験を強行したインドに経済制裁をしましたが、9・11以降に解除しました。「対テロ戦争」を優先して、インドとは2007年に原子力協定を結んで核保有を認めました。

していて、いまもパキスタンを拠点とするイスラム過激派によるテロが多発
カシミールでは、いまもパキスタンを拠点とするイスラム過激派によるテロが多発
していて、インドはパキスタンを強く非難しています。

「真珠」対「ダイヤ」の攻防

インドと中国は潜在的なライバル関係にあります。同じユーラシア大陸の大国で、
国境を接し、人口も同程度。急成長する経済でも争っています。

その中国が進める対インド戦略が**「真珠の首飾り」**です。中国は原油の海外依存度
が5割を超え、ほとんどは中東・アフリカ方面から輸入しています。そのシー・レー
ンは、インド洋からマラッカ海峡（P235）を経由するものですが、マラッカ海峡
はアメリカがおさえているので、ここを阻止されたら中国は大きなダメージを受けま
す。これが**「マラッカ・ジレンマ」**です。

中国はマラッカ・ジレンマの対策として、シー・レーンにそっていくつかの拠点
をきずこうとしています。パキスタンやスリランカ、バングラディシュ、ミャンマー
という国に巨額の投資をして、港湾施設をつくっています。そして、これらの各拠点

インドと中国のシー・レーン争い

パキスタン
カシミール州
中国
インド
マラッカ海峡

★━━★ 真珠の首飾り
☆┈┈☆ ダイヤのネックレス

**インドは、中国の「真珠の首飾り」への対抗策として
日米と協力した「ダイヤのネックレス」を展開**

からパイプラインなどを引いて、中国内陸部へ石油を輸送します。たとえば、パキスタン経由なら、中国と中東・アフリカの距離は一気に縮まります。これなら従来のシー・レーンは必要なくなり、マラッカ・ジレンマの問題が解消されます。

この戦略が、ちょうどインドに首飾りをかけるように包囲することから、「真珠の首飾り」と呼ばれているのです。

この戦略は、同時に制海権をにぎるので、インドの海上からの封じ込めにもつながります。 港湾施設が軍事拠点化するのかはわかりませんが、すでに中国の潜水艦がスリランカのドックに入るところが確認されるなど、不穏な動きも見られ

ます。インド洋では原子力潜水艦がパトロールを行ったり、パキスタンとの合同軍事演習が実施されたりもしています。

ただ、インドも黙って見ているわけではありません。インドは、**「ダイヤのネックレス」**戦略を展開しようとしています。これは、アフリカ東部の国や東南アジア諸国、アメリカ、日本との協力関係をつくり、「真珠の首飾り」を外側から包囲するものです。

これに加えインドは「クアッド」（日米豪印戦略対話）に参加するほか、一方でロシアとは軍事・エネルギー面で連携しています。このような特定の国や勢力に依存しない「バランス外交」を展開しています。

シー・パワーの島国
日本の脅威は常に大陸にある

イギリスの戦略に学ぶ

さいごに日本の地政学を見てみましょう。

日本はシー・パワーの島国です。同じような島国で、巧みなシー・パワー戦略で覇権をにぎった国といえば、イギリスです。日本はイギリスの戦略から学ぶところが多いです。

イギリスの基本戦略は、「バランス・オブ・パワー（勢力均衡）」です。ヨーロッパ大陸内でそれぞれの国の力が拮抗するようにしておいて、強国があらわれたときだけ叩く、という戦略でした（P154）。大陸内に覇権を求めたりはしません。

No.6

大陸と距離を置き続けていた日本

シー・パワー日本の基本方針
⇒「大陸不介入」

例外：
秀吉の朝鮮出兵

第2次世界大戦での日本

大陸内部へ侵攻

↓

不利なランド・パワーの
戦場に引き入れられ、
敗戦へ

じつは日本も大陸に対してこれに似た戦略をとってきました。日本にとっての脅威は、つねに大陸の中華帝国でしたが、**中国にはあたらずさわらずで距離をとり、大陸内に覇権を求めたりはしませんでした。**例外は豊臣秀吉で、バッファゾーンの朝鮮半島に出兵しました。ですがこれは失敗しました。徳川幕府はこの失敗を教訓に「鎖国」をして、大陸との関係を絶ちました。

清に滅ぼされ、明の復興をかけて戦った鄭成功が日本に助けを求めてきたときは、日本はこれを拒否しています。大陸での争いに巻き込まれることをさけたのです。

開国して近代化した日本は、同じシー・パワーのイギリスやアメリカの陣営に入ります。

そして、日清・日露戦争ではランド・パワーの中国とロシアを退け、朝鮮半島を支配します。

日本が大陸不介入の原則をやぶっていくのは、このあたりからです。日本は、満州国をつくるという大陸関与政策をとるようになり、ランド・パワーのロシアの脅威に備えるために、陸軍も強化しました。そして、中国内陸に踏み込んでいきます。蔣介石を追って日本軍は、大陸内部に引き入れられました。これはアメリカ・イギリスの戦略で、ほとんど大陸では負けなかったのですが、いくら勝っても終わりの見えない苦しい戦いとなりました。

シー・パワーの国家が大陸国家の聖域（ハート・ランド）に引き込まれると、なかなか勝つのは難しいのです。ナポレオンもロシアの内陸まで引き込まれて失敗しました。日本はイギリスの「バランス・オブ・パワー」にならえばよかったのでしょう。中国内部の国民党と共産党の争いを外からあおって、弱体化するのを待てばよかったのです。

そして、第2次世界大戦の日本の最大の失敗は、シー・パワー大国のアメリカとイ

兵站線を伸び切らせて日本軍を追い込もうとしたものです。それでも日本は善戦して、

アメリカ以外の国との連携も必要

戦後の日本は、アメリカとの同盟関係を軸にしました。アメリカは「巨大な島国」で（P52）、日本と同じシー・パワーの国です。世界一のシー・パワーと手を組むことで、日本の安全は守られてきました。

冷戦後の覇権をにぎったアメリカは、テロとの戦いとリーマン・ショックで国力を落とし、「世界の警察官」をやめて力を引きました。これに対しシー・パワーで押し出てきたのが中国です。

この「中国をどう封じるのか」というのが、現在の世界の課題となっています。

この対中戦略としては、1つには**日本主導の「クアッド」（日米豪印戦略対話）**があります。これは地政学的にシー・パワー勢力が中国を包囲する形をとり、南シナ海やインド洋の安全保障の強化を図るものとなっています。

ギリスを敵にまわしてしまったことです。日本は中国大陸だけでなく、太平洋戦線を拡大しすぎて兵站が伸び切ってしまい、負けてしまいました。

日本が手をとるべきパートナーは？

対中国戦略のためのパートナーが必要

```
        日本 ════ アメリカ
       ／    ＼      ⋮
```

クアッド	オーカス	ファイブ・アイズ
日本 アメリカ オーストラリア インド	アメリカ イギリス オーストラリア	アメリカ イギリス カナダ オーストラリア ニュージーランド

自主防衛のための「敵基地攻撃能力」が議論に上がる

また、**米英豪3か国による新たな安全保障の枠組み「オーカス」**も形成されています。クアッドよりも軍事・安全保障を前面に打ち出していて、やはり中国の海洋進出を想定しています。日本はオーカスにも「プラスワン」といった形で関わっていきたいところです。

日本は**「ファイブ・アイズ」**にも加盟したいところです。ファイブ・アイズは、グローバルな機密情報共有の枠組みで、アメリカ・イギリス・カナダ・オーストラリア・ニュージーランドが連携しています。日本が加盟するには、スパイ防止法の制定など、法整備が課題となります。

さて、**中国のシー・パワーを迎え撃つ**

ときの防衛ラインは、沖縄・台湾・ベトナムになります。このうち中国がいま切り崩しにかかっているのが、台湾です。各国は連携して、この台湾を死守しなければなりません。

2021年4月、菅首相とバイデン大統領による日米首脳会談では、「台湾海峡と平和と安全の重要性」が確認されました。首脳会談の共同声明に「台湾」が明記されるのは1969年以来で、1972年の日中国交正常化以降はじめてです。これは大きな意味があります。

台湾を守るうえでは、沖縄が重要になります。沖縄は東シナ海における米軍の最前線基地となっています。

地元沖縄では米軍基地に対する反発が強まっていますが、**もし米軍が撤退して空白地帯が生まれると、中国が進出してくる恐れがあります。**いまのところ尖閣諸島は日米安全保障条約の適用対象と確認されていますが、沖縄米軍が撤退すれば、尖閣諸島は一瞬にして奪われるでしょう。フィリピンの苦い前例を知っておくべきです（P237）。

一方、日本としては、これからの不安定で複雑な多極化時代を生き抜く術も模索し

ていく必要があります。**アメリカが強大だった時代につくられた日米安保体制があるから安心という考えは危うくなります。**

そのためには、独立国家として自主防衛力を高めることがポイントになります。いま議論ができているのは、**敵基地攻撃能力**です。これに対応するには、中国や北朝鮮は迎撃の難しいミサイルの開発を加速させています。敵が攻撃に着手したあとに反撃するので、ありません。これが敵基地攻撃能力です。発射直前のミサイルを叩くしかありません。これが敵基地攻撃能力です。敵が攻撃に着手したあとに反撃するので、先制攻撃には含まれないと解釈されます。

また、エネルギー戦略も重要になります。日本が太平洋戦争に突き進んだ直接的な原因は、エネルギーの問題でした。アメリカに依存していた石油の輸入が断たれたこ とで、開戦という選択肢しかなくなってしまったのです。

いま注目されているのは、「燃える氷」といわれる**メタン・ハイドレート**です。じ つは日本は領海と排他的経済水域（EEZ）を含めた海の広さは世界第6位で、そのEEZからメタン・ハイドレートが発見されています。

エネルギーの調達先を多角化すると同時に、このような海底資源の開発を進め、エネルギー自給率を高めることも重要になります。

おわりに

　『図解 いちばんやさしい地政学の本』は2017年に刊行され、その2年後に改訂版として『2019－20年度版』が刊行されました。本書は、それらを加筆・再編集した文庫版です。パンデミック以降の世界の最新情勢が反映されています。

　この間、世界の主役の座にあったアメリカのトランプは退場し、バイデン大統領が登場しました。しかし、オバマ流の国際協調路線に戻った結果、世界の敵対勢力が勢いづいています。ユーラシア大陸のロシアと中国が西と東で同時に膨張する動きを活発化させ、アメリカは二正面作戦を強いられるリスクが高まっています。

　トランプはオフショア・バランシングの視点から、ロシアと手を組み、大陸で国境を接するロシアと中国が敵対する構図をつくろうとしました。ところが現在は、それとは対照的な方向に進んでいます。ロシアと中国が結びつき、両者を同時に相手にすることになるとしたら、これほど無謀な戦いはないでしょう。

　ロシアは豊富な天然ガスを武器に、欧州諸国を実質的に自陣営に抱き込み、旧ソ

連諸国＝バッファゾーンに有利な状況をつくります。一方の中国は、一帯一路＆一国二制度というワナをしかけることで、ユーラシア大陸のリム・ランド＆マージナル・シーへの侵食を試みます。

東欧から中近東、南アジア、東南アジア、極東にかけた地域は、紛争が起きやすいとされていますが、それは20世紀初頭、イギリスのマッキンダーが「危機の弧」とよんだロシアの周縁部であり、21世紀初頭、アメリカが「不安定の弧」とよんだ中国の周縁部にあたります。ウクライナ、アフガニスタン、イラン、ミャンマー、台湾、北朝鮮といった、現在、問題となっている国々はすべてここに含まれます。これが地政学が明らかにしている紛争が起きやすい地域はいつの時代も変わらない──。

ていることです。

さいごに、本書をまとめるにあたり、彩図社の栩兼紗代さまには大変お世話になりました。日頃のご理解とご助力に心から感謝いたします。

2022年2月　沢辺有司

◆主要参考文献

『アメリカ大統領を操る黒幕』（馬渕睦夫、小学館新書）／『イスラム戦争』（内藤正典、集英社新書）／『一気にわかる！池上彰の世界情勢2016』（池上彰、毎日新聞出版）／『ヴィジュアル版 海から見た世界史』（シリル・P・クタンセ、樺山紘一監修・大塚宏子訳、原書房）／『金融のしくみは全部ロスチャイルドが作った』（安部芳裕、徳間書店）／『現代地政学』（コーリン・フリント、高木彰彦訳、原書房）／『現代の地政学』（佐藤優、晶文社）／『最強兵器としての地政学』（藤井厳喜、ハート出版）／『新・世界経済入門』（西川潤、岩波新書）／『新・地政学』（佐藤優、宮家邦彦、PHP新書）／『世界のニュースがわかる！図解地政学入門』（髙橋洋一、あさ出版）／『世界史の大転換』（佐藤優、宮家邦彦、PHP新書）／『使える地政学』（佐藤優、朝日新書）／『日本の今の問題は、すでに「世界史」が解決している。』（宇山卓栄、学研プラス）／『ニュースの"なぜ?"は世界史に学べ』（茂木誠、SB新書）／『100の地点でわかる地政学』（オリヴィエ・ダヴィド、パスカル・ゴーション／ジャン=マルク・ユイスー他6名編、斎藤かぐみ訳、白水社）／『政治力と戦略で読み解く 武器としての超現代史』（浜田和幸、学研プラス）／『プーチンはアジアをめざす』（下斗米伸夫、NHK出版新書）／『ユーロ崩壊!』（三橋貴明、彩図社）／『ワケありな日本の領土』（渡邉哲也、徳間書店）／『国境ある経済の復活』（藤井厳喜、彩図社）／『2019年 アメリカはどこまで中国を崩壊させるか?』（高岡望、大和書房）／『馬渕睦夫が読み解く 2022年世界の真実』（馬渕睦夫、ワック）／『地政学原論』（庄司潤一郎・石津朋之 編著、日本経済新聞出版）／『日本人が知るべき東アジアの地政学』（茂木誠、悟空出版）／『知らないではすまされない地政学が予測する日本の未来』（松本利秋、SB新書）

■ 著者紹介

沢辺有司（さわべ・ゆうじ）

フリーライター。横浜国立大学教育学部総合芸術学科卒業。
在学中、アート・映画への哲学・思想的なアプローチを学ぶ。編集プロダクション勤務を経て渡仏。パリで思索に耽る一方、アート、旅、歴史、語学を中心に書籍、雑誌の執筆・編集に携わる。現在、東京都在住。
パリのカルチエ散歩マガジン『piéton（ぴえとん）』主宰。
著書に『図解 いちばんやさしい哲学の本』『図解 いちばんやさしい三大宗教の本』『図解 いちばんやさしい地政学の本』『図解 いちばんやさしい世界神話の本』『ワケありな映画』『ワケありな名画』『ワケありな本』『ワケありな日本の領土』『封印された問題作品』『音楽家100の言葉』『吉田松陰に学ぶ リーダーになる100のルール』『西郷隆盛に学ぶ 最強の組織を作る100のルール』『本当は怖い 仏教の話』『要点だけで超わかる日本史』（いずれも彩図社）、『はじめるフランス語』（学研プラス）、『地政学ボーイズ』（原案・監修／ヤングチャンピオン）などがある。

【カバー＆本文イラスト】梅脇かおり

図解 いちばんやさしい地政学の本

2022年4月12日第一刷
2022年5月2日第四刷

著　者　沢辺有司

発行人　山田有司

発行所　**株式会社 彩図社**
　　　　東京都豊島区南大塚 3-24-4
　　　　ＭＴビル 〒170-0005
　　　　TEL:03-5985-8213　FAX:03-5985-8224
　　　　https://www.saiz.co.jp
　　　　https://twitter.com/saiz_sha

印刷所　新灯印刷株式会社